No es cuento, es Historia

Inés Quintero es Historiadora. Estudió en la Universidad Central de Venezuela, allí obtuvo los títulos de Licenciada, Magister y Doctora en Historia, también fue a la UCV su base de operaciones académicas hasta alcanzar la categoría de profesora Titular. La Historia forma parte de su vida, todos los días, disfruta la elaboración de cada libro, desde el comienzo al final. es Individuo de Número de la Academia Nacional de la Historia, ha sido profesora invitada en Universidades nacionales y extranjeras, ha recibido numerosos premios y distinciones, es autora de una amplia obra historiográfica en la cual se nota un especial empeño para acercar a los lectores al conocimiento de la Hstoria de una forma amena y rigurosa, Entre sus libros más conocidos cuentan: *El Ocaso de una estirpe, La conjura de los mantuanos, La criolla principal, El último marqués, EL sucesor de Bolívar, Francisco de Miranda, La palabra ig-norada y El fabricante de peinetas.*

Inés Quintero

No es cuento, es Historia

LA HOJA
DEL NORTE

No es cuento, es Historia
Primera edición, julio 2012
Segunda edición, mayo 2013
Tercera edición, septiembre 2017

© De la presente edición, Cyngular Asesoría 357, CA

DISEÑO DE COLECCIÓN
Gustavo González

DISEÑO DE PORTADA
Jaime Cruz

IMPRESIÓN
Gráficas Lauki C.A.

Depósito legal: DC2017002046
ISBN: 978-980-425-017-0

Índice

Presentación

Hola, me llamo Inés Quintero y soy historiadora. Así comenzaba *No es cuento, es Historia,* los micros radiales que se transmitieron por Éxitos 99.9 FM desde mayo de 2007 hasta diciembre de 2008. El propósito fundamental del programa era procurar que los resultados de las investigaciones que hacemos los historiadores pudiesen comunicarse a un público amplio y diverso, a través de un medio masivo como lo es la radio y, de esta manera, propiciar un diálogo abierto, cercano y cotidiano con nuestra Historia. Se trataba de comprimir, en un máximo de 1.250 caracteres, un breve relato histórico que pudiese ser transmitido en minuto y medio, incluyendo presentación, musicalización y efectos de sonido, sin desatender el rigor que exige el oficio historiográfico y procurando, al mismo tiempo, hacerlo de manera cordial y sencilla, a fin de que pudiese atraer y mantener la atención de quienes lo estaban escuchando. No fue una tarea fácil. Fue, además, la primera vez que, como historiadora, me enfrenté a pensar y escribir historia en un formato diferente al que comúnmente utilizamos los historiadores acostumbrados, por lo general, a escribir libros o artículos de cierta extensión.

Mi relación con la Historia comenzó hace un montón de años, en 1976, cuando decidí ingresar en la Universidad. Todo ocurrió de manera intempestiva y absolutamente imprevista. Me encontraba viviendo en Mérida, sin tener mayor claridad sobre lo que quería estudiar. Sabía con certeza que no me inscribiría en Ingeniería, ni en Medicina, tampoco en Farmacia o Arquitectura, ni en la Facultad de Ciencias. Así, descartando, terminé en la Facultad de Humanidades y Educación y, por último, en la Escuela de Historia de la Universidad de Los Andes. Fue amor a primera vista: de inmediato, al comenzar las clases, supe que estaba en el lugar indicado. De la Universidad de Los Andes, me fui para la Universidad

Central de Venezuela, donde me gradué de licenciada en Historia, luego obtuve el título de Magíster y finalmente el de Doctora, también en Historia. Toda mi carrera académica, como profesora e investigadora, la hice en la UCV, hasta alcanzar la categoría de Titular, el máximo escalafón universitario. Soy, por tanto, Ucevista de formación y corazón.

Una de las mayores fascinaciones que me generó y me sigue generando el contacto con el estudio y la investigación de la Historia es la enorme posibilidad que ofrece el conocimiento y la comprensión del pasado; son muchas y variadas las fuentes susceptibles de ser analizadas y reinterpretadas; hay cantidad de aspectos y problemas que todavía no han sido estudiados; personajes de los que no sabemos absolutamente nada; episodios que permanecen totalmente desconocidos; infinidad de detalles, situaciones, momentos y procesos que esperan ser atendidos, escudriñados, sacados a la luz y, también, cantidad de lugares comunes y reiteraciones que demandan una mirada crítica, capaz de contribuir a su discusión. Se trata de un campo inagotable, exigente, abierto, susceptible de ser abordado desde diversos flancos, con miradas y perspectivas diferentes, de manera plural, sin dogmas, sin imposiciones.

Este espíritu de indagación constante, de búsqueda incesante de nuevas voces, de situaciones inadvertidas, de protagonistas desconocidos; esta fascinación por hurgar libremente sobre el pasado, reconocerlo, poner al descubierto sus carencias, omisiones, repeticiones y mitificaciones demanda una enorme dedicación, representa visitar bibliotecas, ir a los archivos, revisar legajos originales página por página, impresos antiguos, periódicos; leer con mucha atención; estar pendiente de los detalles; ser especialmente acucioso en la selección, organización y sistematización de la información; pensar detenidamente; no apresurarse; ser profundamente riguroso y, sobre todo, disfrutar cada instante.

De eso se trata la investigación histórica: un equilibro sostenido entre el rigor y las exigencias que reclama el método crítico y el inmenso placer que proporciona pensar, escribir y compartir los resultados de cada pesquisa.

Esta combinación de entusiasmo y rigurosidad que requiere la indagación del pasado, ha sido una de las grandes enseñanzas que me ha proporcionado mi formación como historiadora, he procurado su compañía desde que me inicié en estas lides y he intentado que estén presentes en la preparación de cada uno de los textos que, en su momento, salieron al aire como micros radiales y que ahora se publican en forma de libro.

Muchas de las historias que aquí se reúnen fueron extraídas de trabajos realizados por mí con anterioridad, los cuales sirvieron como punto de partida para la escritura; otros fueron resultado de investigaciones hechas expresamente para este proyecto y se nutrieron de obras escritas por otros historiadores y de la revisión de fuentes de primera mano. Todas ellas, sin excepción, fueron pensadas y elaboradas a partir de un acucioso examen que permitió seleccionar, organizar y presentar la información; sus contenidos cuentan con sólidos respaldos documentales, testimoniales o bibliográficos y puedo decir que disfruté cada minuto, desde el inicio de las pesquisas hasta el momento de colocarles punto final.

Las historias que forman parte de este libro fueron escritas, originalmente, entre los años 2007 y 2008, período durante el cual los micros salieron al aire. En aquel momento no estaban organizadas de manera temática, sin embargo para los fines de esta edición, se consideró oportuno reunirlas por grupos que guardan cierta unidad, es ello lo que explica los distintos capítulos en los cuales se ha organizado su presentación. También, para los fines de esta edición, se hicieron algunas actualizaciones, ajustes y correcciones a fin de facilitar su lectura, sin la camisa de fuerza de los 1.250 caracteres, pero sin modificar el espíritu original.

Al final se incluye una bibliografía esencial organizada por capítulos que da cuenta de las obras que resultaron fundamentales como punto de partida y referencia para la escritura de la gran mayoría de las historias incluidas en este libro. No se trata, en ningún caso, de bibliografías exhaustivas sobre cada una de las materias o temas que se abordan, sino de las obras que fueron consultadas directamente para la preparación de los diferentes textos.

No es cuento, es Historia, en su versión radial, fue posible gracias a varios aliados que resultaron fundamentales en su realización. En primer lugar, Juan Carlos Escotet, presidente de Banesco, entusiasta promotor de esta idea, desde sus inicios; Mariela Colmenares, Vice Presidenta de Responsabilidad Social de Banesco y todo su equipo, apoyaron y fueron absolutamente consecuentes con el proyecto; Marisela Valero editó y musicalizó con gran acierto todos los micros, contó para ello con el auxilio de los técnicos del estudio de grabación "Pimentón"; el logo musical fue obra de Miguel Delgado Esteves. Convertir los micros en libro fue idea y empeño de Sergio Dahbar quien, en más de una ocasión, me insistió para que llevásemos adelante este proyecto que, por fin, hemos logrado hacer realidad, contando para ello con la creatividad y diligencia de Rafael Osío Cabrices, pendiente de todos los detalles de edición, junto a Jaime Cruz, encargado de la diagramación y el diseño, hasta la última página. A todos les quiero manifestar mi más expresivo agradecimiento.

La redacción y revisión final la hice en Sevilla, de la mano de Rogelio, mi esposo, con quien comparto las emociones y exigen-cias de la Historia, todos los días.

El contenido de esta nueva edición es exacto al anterior, sólo la distingue una nueva portada. Otra variación es que los micros están nuevamente al aire, esta vez por Onda la Superestación.

Y esto no es cuento, es Historia.

DESDE LA ESCLAVITUD

Adolescentes en venta

Entre las muchas descripciones y relatos que realizó Alejandro Humboldt de su estancia en nuestro país, dejó testimonio de cómo era un mercado de esclavos.

Cuando llegó a Cumaná, el mes de julio de 1799, se instaló en una casa muy cerca de la Plaza Mayor. Desde allí pudo observar el mercado de esclavos, el cual funcionaba en una larga galería de madera que se encontraba en uno de los lados de la plaza. Los cautivos que se ofrecían eran jóvenes de quince a veinte años. Todos los días, muy temprano en la mañana, se les entregaba aceite de coco para que cada uno se frotara el cuerpo y le diese a su piel un negro lustroso. A cada rato llegaban los compradores y les abrían la boca con fuerza para examinarles la dentadura y así determinar la edad y salud de esas personas en venta, exactamente igual que con los caballos.

El mercado de esclavos causó honda impresión en el alemán, no hay duda. Pero al mismo tiempo le tranquilizaba saber que había llegado a una nación donde ese espectáculo era algo rarísimo y donde el número de seres humanos en esta condición era, en general, poco considerable. No había pues que alarmarse demasiado.

Y esto no es cuento, es Historia.

600 pesos por dos libertades

En 1784, Gracia María Tovar pagó 300 pesos a su amo Rafael de Tovar para comprar su libertad. Se convirtió así en una mujer libre.

Pero Gracia María tenía una hija de 14 años, llamada María Eugenia, esclava como ella. Cuando se fue de la casa de los Tovar tuvo que dejarla al servicio de la familia. Desde ese día trabajó sin descanso para comprar también la libertad de su niña. Cinco años después se presentó en la casa de los Tovar con 300 pesos. Pero los amos decían que María Eugenia valía 350 pesos. La muchacha sabía coser, bordar, planchar, tejer, hilar, lavar y peinar señoras. No la venderían por menos.

Gracia María no se quedó quieta y buscó un perito que le pusiera precio a María Eugenia. "Mi hija no vale tanto", alegó la madre, "no es tan diestra como dicen los dueños y además sufre de ahogos". El perito fijó el precio de la muchacha en 300 pesos y Gracia María logró entonces comprar a su hija, después de cinco años de trabajo y seis meses de papeleo.

Gracia María Tovar fue una de las poquísimas esclavas que, con su trabajo, obtuvo su libertad y consiguió además liberar a su hija de vivir el resto de la vida sometida al terrible yugo de la esclavitud.

Una hija embarazada cuesta más

María Ignacia Padrón se presentó un día de enero de 1793 en la casa de doña Ángela Padrón. El motivo de su visita era informarle que tenía dispuesto liberar de la esclavitud a su hija Agustina.

María Ignacia le solicitó a doña Ángela autorización para que un perito examinara a su hija –como en la historia de Gracia María Tovar- y le asignara un precio. Doña Ángela se negó a aceptar el pedimento y no contenta con ello castigó a Agustina. Así que María Ignacia la denunció y solicitó la intervención de las autoridades para que su hija fuese puesta a salvo de su ama, mientras se resolvía la compra.

Doña Ángela se defendió diciendo que estaba absolutamente segura de que la mulata Padrón no tenía con qué pagar el precio de Agustina. Sostenía que la verdadera intención de María Ignacia era sacar a Agustina de su casa para ayudarla a escapar.

Pero de todos modos Agustina, quien para el momento tenía 26 años, fue examinada evaluada por un perito, y también por un médico, quien descubrió que ella estaba embarazada. Eso hizo que el perito fijara en 350 pesos el precio de la joven.

Y hasta allí llegó el fallido intento de María Ignacia de liberar a su hija, porque como había acusado doña Ángela, ella no tenía ni podía conseguir los 350 pesos que valía Agustina.

Hasta que la muerte la condene

María Soledad Prieto tenía quince años cuando fue comprada por Manuel Reverón en 1794.

Tuvo dos hijos con su amo y éste se ocupaba de mantenerla a ella y a los dos críos. Pero Juana Landaeta, la madre de Reverón, nunca aceptó la unión de su hijo con la esclava.

En 1804, Reverón falleció y a María Soledad le cambió la vida. Después de ser mujer y madre de los hijos de Reverón, ella y los dos muchachitos pasaron a ser propiedad de la madre del difunto, única heredera de los bienes del finado.

María Soledad intentó demostrar que Reverón le había prometido la libertad a ella y a sus hijos. El problema era que no había ningún papel por escrito. El pleito se prolongó por cuatro años.

En 1808 la Real Audiencia de Caracas declaró sin lugar la libertad de María Soledad y sus dos hijos. Otorgarle la libertad a los tres esclavos iba contra los derechos de la heredera y contravenía el orden social al admitir como válida la unión indebida entre amo y esclava.

María Soledad y sus dos hijos siguieron siendo esclavos, sin remedio, bajo el control y sujeción de su nueva ama.

Libre a los 63

María Lorenza nació en Maracaibo el año de 1742 y desde el día de su nacimiento fue esclava.

En 1805, a los 63 años de edad, le pidió a su ama, Josefa Mejía, que le dijese cuánto tenía que pagarle para obtener su libertad. "Doscientos cincuenta pesos", fue la respuesta del ama, exactamente la misma cantidad que había pagado por ella veinte años atrás.

La esclava, espantada ante la enorme suma exigida por su dueña, solicitó que le hicieran un avalúo. Un perito determinó que por su avanzada edad, y los achaques propios de ella, la esclava valía cinco pesos, el precio más bajo que podía adjudicarse a un esclavo.

Josefa Mejía protestó. Sin embargo, transcurridos seis meses, se avino finalmente a aceptar los cinco pesos de María Lorenza y le otorgó su carta de libertad.

Una libertad relativa: por decisión del procurador de esclavos y para evitar que se convirtiese en mendiga fue entregada en calidad de depósito a Agustín Hernández, quien a cambio de algunos servicios domésticos se encargaría de darle techo y comida hasta el día de su muerte.

Anastasio Sosa, esclavo y patriota

La Independencia no tuvo entre sus propósitos abolir la esclavitud. Sin embargo, la guerra ofreció a algunos esclavos la posibilidad de obtener la libertad. Anastasio Sosa fue uno de ellos.

Anastasio era esclavo de Domingo Sosa en Choroní. En 1816, fue incorporado a las fuerzas patriotas con la oferta de recibir la libertad si combatía en defensa de la Independencia. Estuvo a las órdenes de Manuel Piar, combatió en la batalla de El Juncal y participó en la campaña de Guayana. En 1818, luego de una derrota en Boca Chica, rodeado de enemigos por todas partes, Anastasio logró escapar. Regresó a Choroní pues no tenía adónde más ir: allí estaban su esposa y sus hijos; esclavos como lo era él cuando ingresó al ejército patriota. Su amo lo incorporó nuevamente a su servicio. Siete años esperó Anastasio para hacer valer la promesa de libertad ofrecida en 1816.

Su dueño no se opuso a la petición de Anastasio. Pero exigió que el gobierno le pagase el valor de su esclavo. En marzo de 1826, la junta de manumisión satisfizo la exigencia del amo y Anastasio consiguió su libertad. Su esposa y sus hijos siguieron sometidos a la esclavitud.

Petrona y Andrea, dos veces libres

Petrona Cardozo y su hija Andrea salieron de los llanos en 1817, huyendo de la guerra. Después de muchas penalidades llegaron a Guayana, territorio bajo el control de los patriotas. Ambas eran esclavas.

En Guayana, Petrona se casó con Domingo Gutiérrez, soldado del ejército patriota y esclavo como ella. Ambos obtuvieron la libertad en virtud de las proclamas del Libertador, que declaraban libres a los esclavos que se acogiesen a la causa de la Independencia. Concluida la guerra, Petrona y Domingo se establecieron en Achaguas, como personas libres.

En 1833, los antiguos amos de Petrona y Andrea reclamaron la posesión de sus esclavas. La demanda fue admitida por las autoridades, alegando que los decretos del Libertador favorecían exclusivamente a quienes empuñaron las armas, y las esclavas no habían servido en el ejército patriota.

Aterradas por la posibilidad de regresar a la esclavitud. apelaron la decisión. Casi dos años después la Corte Superior de Justicia las declaró libres.

La mayoría de los esclavos no corrió con la misma suerte. Tuvieron que esperar 20 años más para obtener su libertad. La ley de abolición de la esclavitud se sancionó en Venezuela el 24 de marzo de 1854.

Ramón Piñero, al servicio del Rey

Ramón Piñero era esclavo de Juan de Rojas. En 1813 se alistó en las fuerzas realistas, atraído por la oferta de que obtendría su libertad si defendía la causa del Rey.

La primera campaña de Piñero fue en la sabana de Mosquiteros, contra el ejército patriota al mando de Vicente Campo Elías. También estuvo en la toma de Calabozo, en la batalla de La Puerta y en la ocupación de Caracas en 1814, siempre bajo las órdenes de José Tomás Boves. Después de dos años de marchas y combates cayó enfermo.

En 1815 solicitó que le fuera concedida su libertad en pago por los servicios prestados en el ejército del Rey. Le fue negada.

Apeló entonces Piñero y expuso que se encontraba incapacitado para pelear y para trabajar. Era un hombre baldado e inútil.

Don Juan de Rojas, el amo de Piñero, respaldó su testimonio a fin de conseguir que las autoridades realistas le reconocieran el valor de su esclavo, tal como estaba contemplado en la ley. En esta segunda ocasión la petición de Piñero fue atendida.

El 23 de diciembre de 1815, Ramón Piñero obtuvo su carta de libertad y del erario público se le pagó a Juan de Rojas el valor de su esclavo.

El susto de José Jesús

José de Jesús Malpica le escribe a Simón Bolívar en 1827 para darle noticia de sus padecimientos y solicitarle su auxilio.

La carta empieza así: "Sr., suplico se me admita y dispense mis malos borrones en este papel pues la indigencia a que estoy expuesto me es intolerable soportar".

José de Jesús era esclavo y había luchado en el ejército patriota. Su primer combate fue el 29 de junio de 1812, día de San Pedro. Se mantuvo fiel a la causa republicana hasta que se aseguró el suelo patrio. Al concluir la guerra, pensándose libre, empezó a trabajar como caletero en La Guaira. Allí lo identificó Manuela España y lo reclamó como su propiedad, argumentando que ella era la heredera de su antiguo amo.

Para obtener su libertad no fue suficiente escribirle a Bolívar. José de Jesús tuvo que hacer todo el papeleo para demostrar que por los servicios prestados en el ejército era un hombre libre, según lo establecían las leyes, como decían también que los amos tenían el derecho de reclamar el precio del esclavo.

Igual que en otros casos, José de Jesús Malpica finalmente obtuvo su carta de libertad y Manuela España hasta el último centavo del valor de su esclavo.

El falso esclavo

José María Guevara tenía 17 años, era pardo y de oficio zapatero. En 1818 fue detenido y sometido a prisión en la cárcel de Caracas.

Al iniciarse las averiguaciones resultó que José María, siendo un hombre libre, se hacía pasar por esclavo de Hilario Nieves, el dueño de una pulpería en la esquina del Mamey.

El pulpero declaró que a solicitud de José María había redactado un papel que decía que él era su esclavo, aunque en realidad era un pardo libre.

Petronila Guevara, la mamá de José María, manifestó a las autoridades que por sus achaques no podía trabajar y que su hijo era quien se ocupaba de ella, motivo por el cual le pidieron a José Hilario que hiciera ese falso papel para que José María siguiera trabajando y pudiese mantenerla en medio de la guerra. No pensaron que en ello habría ningún perjuicio.

El problema, precisamente, era que justo porque había una guerra, un hombre como José María era necesario para el ejército. Así que la decisión de las autoridades fue enviarlo al frente de batalla a defender la causa del Rey.

José María Guevara no pudo evitar entonces combatir en el conflicto de independencia, y como probablemente le ocurrió a muchos venezolanos, allí terminaron sus días.

EPISODIOS DE LA VIDA COTIDIANA

Los padecimientos de la mujer indígena

El padre José Gumilla dedicó parte de su vida a estudiar las costumbres de los indígenas que habitaban los llanos del Orinoco.

El resultado de sus investigaciones salió publicado en 1731 en un libro titulado *El Orinoco Ilustrado y defendido*, fuente insoslayable para conocer la vida de los nativos que vivían en aquellos territorios. En ese libro hay un testimonio de una india betoye que narra las condiciones del trabajo femenino.

Las mujeres se ocupaban de preparar la tierra y de sembrar y recoger los frutos de la labranza. Cuando acompañaban al marido de cacería acarreaban con los muchachos, las raíces para preparar la comida y el maíz para hacer la chicha. Al regresar buscaban la leña, cargaban el agua, preparaban la comida y molían el maíz. Los hombres, mientras tanto, descansaban en la hamaca. Cuando finalmente, agotadas concluían la faena, los hombres se emborrachaban con la chicha que ellas había preparado y poco después les pegaban con un palo, les halaban el cabello y las arrastraban por el piso.

La india betoye le confesó al padre Gumilla que muchas madres mataban a sus propias hijas al nacer para evitarles los sufrimientos padecidas por ellas.

Bajo el sagrado sacramento del matrimonio

Muchas de las comunidades indígenas que habitaban estas tierras tenían una manera bastante sencilla de contraer matrimonio.

Entre los pobladores del valle de Caracas, por ejemplo, cuando a un hombre le parecía buena una mujer, se lo daba a entender con palabras. Si ella mostraba interés él se iba para su casa y si ella le daba dónde sentarse, le servía comida y la ofrecía una totuma con agua para lavarse, quedaba claro que ella quería permanecer a su lado. Se iban a dormir juntos y de una vez ya estaban casados. Para disolver el vínculo era suficiente con que alguno de los dos lo decidiera, aparentemente sin mayores trifulcas.

También, en la mayoría de las comunidades indígenas, se practicaba la poligamia. Un hombre podía tener hasta cinco o seis mujeres. No había un límite establecido, sino el que pudiera mantenerlas a todas.

Cuando llegaron los españoles trataron de cambiarlo todo. Determinaron que la única manera de formar una familia era mediante el sacramento del matrimonio, el cual solamente se podía celebrar entre un hombre y una mujer y debía durar toda la vida.

En eso, no tuvieron mucho éxito.

Condena a muerte en un idioma desconocido

En los inicios de la Conquista, se redactó en España un documento que debía ser leído a todos los pobladores del continente americano. Este texto se conoce con el nombre de requerimiento de Palacios Rubio.

El gobernador de Tierra Firme recibió este documento en 1526 con la orden de obligar con él a los indígenas a que admitiesen su conversión a la religión católica y aceptaran su condición de súbditos de la Corona española.

El requerimiento empezaba explicando el hecho de la creación y cómo a partir de allí todos los habitantes de la Tierra, incluidos los indígenas, eran hijos de Dios y estaban obligados a obedecer los mandatos de la Iglesia y del Rey.

Si no se sometían, el gobernador tenía permiso a hacerles la guerra, a tomar a sus mujeres y a sus hijos y volverlos sus esclavos, a apropiarse de todos sus bienes y a practicarles los males y daños que merecían como vasallos que no querían recibir a su Señor. El requerimiento de Palacios Rubio terminaba así: "Las muertes y daños que resulten de todo ello serán vuestra culpa y no de Su majestad ni mía ni de estos caballeros que conmigo vinieron".

Este documento era de paso leído en español, idioma totalmente desconocido para los indígenas.

Nueva Cádiz, la ciudad fugaz

Las primeras noticias de Cubagua se tuvieron en 1498, luego del tercer viaje de Cristóbal Colón. Para ese momento la isla se encontraba deshabitada.

Durante varios años Cubagua se mantuvo sin mucho movimiento, apenas se construyeron unos ranchos y bohíos habitados por unos pocos españoles. No fue sino después cuando se fundó Nueva Cádiz, primero como asiento y, en 1528, como ciudad.

En su mejor momento Nueva Cádiz llegó a tener mil habitantes, un cabildo de 17 regidores, casas de piedra y varias avenidas, una de ellas de 300 metros. La ciudad vivía de la explotación perlífera y estaba controlada por los "señores de canoa", como se llamaba a quienes manejaban el negocio de las perlas.

El auge de Nueva Cádiz fue brevísimo. En 1530 hubo un fuerte terremoto que tumbó varias casas, poco tiempo después, en 1537, los ostrales se habían agotado por la sobreexplotación que se hizo de ellos. Dos años después mucha gente ya había abandonado la ciudad. Cuatro años más tarde, en 1543, un huracán la destruyó completamente y, al poco tiempo, unos piratas franceses pasaron por allí y quemaron lo poco que quedaba.

Desde aquel tiempo hasta el presente nadie ha vivido allí de manera permanente. En la actualidad apenas quedan vestigios de lo que alguna vez fue.

Las perlas letales de Cubagua

Entre las primeras riquezas que encontraron los europeos cuando llegaron a nuestras costas estaban las perlas.

Cristóbal Colón se refirió a ellas, sorprendido por la cantidad de perlas con las que se adornaban las mujeres indígenas. En otros viajes se ratificó la existencia de riquísimos yacimientos en Cubagua. Pero para obtenerlas había que sacarlas del mar. Para esta tarea, se valieron de los indígenas.

La descripción que hace el fraile Bartolomé de las Casas es bastante elocuente: "Las perlas están en un pescado llamado ostra que se mantiene en el mar a cuatro o cinco brazas. Para pescarlas es menester que se meta el indio bajo del agua y se mantenga sin respiración el tiempo necesario para buscar, encontrar, coger las perlas y darlas al dueño. Este debe dejar al indio descansar y darle alimento para que se recupere de la opresión en el pecho por la falta de respiración y para que resista cuando descienda a buscar más perlas. Algunos mueren en el mar porque un pez llamado tiburón y otro nombrado marrajo se los tragan vivos y enteros".

En muy poco tiempo desaparecieron para siempre, junto con los ostrales de Cubagua, muchos de sus habitantes varones.

El terremoto de La Grita

El 3 de febrero de 1610 hubo un fuerte terremoto en La Grita. De este hecho dejó testimonio detallado Fray Pedro Simón, un sacerdote franciscano que vino a Venezuela en 1612. Escribió un libro titulado *Noticias Historiales de la Conquista de Tierra Firme*, que se publicó en España en 1627.

En ese libro da cuenta del sismo. El día de San Blas, cuenta, como a las tres de la tarde, comenzó a moverse la tierra con tanta fuerza que hacía oleajes como las aguas del mar. Cedieron la mayoría de las casas: no quedaron en pie sino diez que eran de tapia. El convento de los franciscanos se cayó, los molinos se hundieron, los ríos y quebradas se secaron casi del todo, la gente andaba despavorida y medio pasmada sin saber lo que había sucedido, los niños daban mil gritos, bramaban los toros y las vacas, los perros daban tristísimos aullidos.

Todo parecía un presagio del amargo día del Juicio Final.

Un año después el gobernador informaba al Rey que en la ciudad se hacían procesiones para agradecer al Señor, porque con el fuerte temblor apareció una rica mina de cobre. No había pues nada que lamentar.

Los consejos de Martín Tovar

Martín Tovar fue uno de los más furibundos partidarios de la Independencia.

Participó en los hechos del 19 de abril de 1810, fue presidente de la Junta Suprema y diputado del Congreso Constituyente. No se apartó ni un día del proyecto revolucionario.

Pero don Martín tenía familia.

En 1814, como consecuencia de la violencia de la guerra, procura sacar a su esposa y a sus hijos de Venezuela. Mientras se ocupa de combatir al ejército realista, le hace llegar a su mujer sus consejos y reconvenciones. "Donde quiera que te encuentres", le dice don Martín a su esposa, "vive sin lujo, con decencia y estimación, cuidadosa de tu aseo y alejada del ocio. Sólo la virtud, la buena moral y las sanas costumbres son estimadas hasta en las naciones más bárbaras, es necesario que jamás te separes de ellas. Ah, y salva siempre el honor de mis hijos, que sin él los prefiero muertos".

Doña Rosa Galindo siguió al pie de la letra las recomendaciones de su marido. Concluida la guerra los consejos de don Martín no sufrieron ninguna alteración. La república triunfó pero el orden familiar se mantuvo intacto.

Divorcio en tiempos de guerra

José María Oropesa y Josefa Riera, una pareja de caroreños, después de varios años de matrimonio no se podían ni ver.

En febrero de 1812, cuando ya había empezado la guerra de Independencia, Oropesa introdujo una solicitud de divorcio. Es bueno aclarar que en esa época era posible obtener autorización de las autoridades eclesiásticas para separarse del consorte, sin que ello significara que quedaba disuelto el matrimonio.

José María alegó que su mujer era un desastre: su relajamiento y risotadas lo desacreditaban ante extraños, tenía tratos sospechosos con otro hombre y su casa era un infierno.

Josefa también se quejaba de su consorte. José María la insultaba en la calle, se negaba a cubrir los gastos de la casa, no tenía ningún cuidado hacia su persona y era de genio violento. Ninguno de los dos, pues, quería vivir en compañía del otro.

Durante seis años estuvieron batallando para conseguir el divorcio, pero el país estaba en guerra y los trámites eran lentos... como ahora, pero con guerra.

En 1821 concluyó la contienda. José María y Josefa todavía estaban casados. El obispo había dictaminado tres años antes que el divorcio no era procedente. Sólo la muerte podría separarlos.

Un trámite imposible

Ustedes se imaginan la clase de enredo que podía significar sacar una constancia de viudez en 1814, en La Victoria. Pues bueno, esto fue lo que se propuso María de los Santos Reyna, la viuda de Jacinto Machado.

El año de 1814 fue uno de los más terribles de la guerra y en La Victoria hubo cruentos y decisivos combates. El trámite de María de los Santos resultó un calvario.

El fulano Machado se había fugado de la cárcel y se decía que había muerto luego en un hospital de Caracas. Pero no se tenían datos de su sepultura y averiguarlo era imposible: los archivos eran un caos, la ciudad se encontraba destruida y la guerra había provocado la deserción de los empleados. Nadie dio respuesta a la solicitud de la viuda.

Y ustedes se preguntarán: ¿para qué necesitaba María de los Santos ese papel?

La respuesta es muy sencilla: para casarse. María de los Santos quería casarse con José Eusebio Contreras, su concubino, el padre de sus hijos.

No hubo caso. Sin la carta de viudez no se podía celebrar la boda. Es más, las autoridades eclesiásticas ordenaron al cura de La Victoria que pusiese fin, inmediatamente, al pecaminoso concubinato de María de los Santos y José Eusebio por vivir bajo el mismo techo sin haber cumplido con el sagrado sacramento del matrimonio.

Un enlace disonante

En 1816, en plena guerra de Independencia, María Josefa Díaz, india caquetía del pueblo de Santa Ana, en Coro, se opone a la boda de su hermano José Antonio, indio como ella. José Antonio pretende casarse con Romualda Colina, la hija de un esclavo.

Los protagonistas de esta historia son gente humilde. José Antonio no tiene con qué pagar el sello para responder la demanda de su hermana y María Josefa no firma la protesta porque no sabe escribir. Sin embargo, está resuelta a impedir el enlace. Considera que esa boda no favorece a José Antonio; su hermano es un indio de sangre pura, mientras que Romualda es una zamba, por sus venas corre sangre mezclada con negro. Entre los novios hay una clara disonancia de clases, es el argumento que expone la india María Josefa.

María Josefa gana el pleito. El indio José Antonio Díaz es retenido en el pueblo de Santa Ana hasta que se encuentre "totalmente despejado" de su idea de casarse con la zamba Romualda.

Unos años más tarde la Independencia triunfó en Coro y en toda Venezuela. No se modificó en lo más mínimo el parecer y sentir de la india María Josefa. Para ella siguió siendo disonante la boda entre un indio puro y una zamba emparentada con esclavos.

Perdomo Vs. Villanueva

Fernando Perdomo estaba totalmente decidido a evitar la boda de su hija Isabel con José Tomás Villanueva.

Perdomo era un hombre humilde, no sabía leer ni escribir y vivía malamente de un conuco que tenía en su casa. Aun así se dirige a los tribunales para impedir el casorio. La razón es muy sencilla: su hija Isabel es blanca, mientras que Villanueva, el pretendiente, es un pardo adulterado en la clase de indio, dice Perdomo.

Villanueva se defiende; ocupa el cargo de alcalde y goza de excelente reputación. No hay motivos para impedir el enlace, argumenta el novio.

El pleito tiene lugar en el pueblo de Cagua, el año de 1818.

El caso llega a la Real Audiencia de Caracas. La decisión del alto tribunal es impedir el casorio. No importaba que José Tomás fuese alcalde, tampoco que tuviese la mejor reputación. Ni lo uno ni lo otro modificaban su origen. Su papá era un pardo y su mamá una zamba. En consecuencia Villanueva es y será zambo hasta el día de su muerte, concluye el fiscal. No podía casarse con la blanca Isabel.

Incluso en medio del proceso independentista y entre la gente más humilde seguían privando los valores y las prácticas sociales instaurados durante la Colonia.

La hacienda perdida de las hermanas Peña

Bernabela, Josefa y Lorenza Peña, vecinas de Pueblo Nuevo, le envían una carta al mariscal Juan Crisóstomo Falcón en febrero de 1864. Falcón era el presidente de Venezuela, luego de que concluyó la Guerra Federal.

El propósito de la misiva era informarle del apoyo económico que habían suministrado a la santa causa de la federación durante los días de la guerra: treinta y seis cabezas de ganado mayor, cuarenta cabras, siete cochinos, diez fanegas de maíz, una yegua, tres burros y dos enjalmas fueron extraídas de la hacienda de las Peña para suplir las necesidades del ejército. Eran estos los únicos recursos con que contaban para atender sus necesidades. Un papel firmado por el general José Tomás Valle era cuanto tenían para demostrar los servicios prestados a las tropas federales. La única aspiración de las Peña, un año después de concluida la contienda, era que el gobierno federal les pagase las vacas, las cabras, los cerdos, los burros, la yegua y el maíz que se llevaron los soldados.

Las hermanas Peña nunca recibieron respuesta a su reclamo. Como muchos otros venezolanos, perdieron cuanto tenían en medio de los avatares de la guerra.

Los soldados desnudos

En 1813 se tenía previsto equipar al ejército patriota con unos uniformes perfectísimos que permitiesen diferenciarlos del enemigo.

El proyecto contemplaba una casaca azul, con solapa encarnada, botones y charreteras de oro para los generales. Una casaca de un solo botón y pantalón azul de paño para la tropa. Botines para la infantería y botas altas para la caballería.

En 1818 la estampa del ejército era muy diferente. Según narra John Robertson, cirujano del ejército libertador, los soldados se encontraban casi desnudos. No estaban acostumbrados a utilizar prendas de vestir; muchos ni siquiera sabían cómo usarlas. Algunos pasaban las piernas por las mangas de la casaca, mientras llevaban los faldones hacia arriba y las abotonaban alrededor de sus lomos. Otros ataban las mangas de la casaca alrededor de sus espaldas, dejando colgar los faldones por delante; había otros que se ataban los pantalones alrededor de la espalda y dejaban que la parte superior colgara como si fuera el faldón de la casaca.

Estos soldados semidesnudos que no sabían cómo utilizar una prenda de vestir fueron los hombres que hicieron posible la Independencia.

En vez de pelear, beber

A José Francisco Hernández lo encontraron dormido en la vía pública y se lo llevaron a la cárcel de la ciudad por vago y ebrio de profesión.

José Francisco tenía 26 años y era sepulturero en la Iglesia de Santa Rosalía. Se le condenó a trabajar dos meses en las obras públicas de la ciudad.

Gregorio Velázquez, barbero de 30 años, también acostumbraba a empinar el codo. En más de una ocasión terminó preso por andar borracho en las calles de Caracas. Declaró en su defensa que cuando estaba ebrio no atendía a sus clientes, por ser su oficio de cuidado. Fue enviado a prestar servicio al hospital militar.

José Abrantes trabajaba como platero, pero solía abandonar sus labores para andar de farra en farra y de copa en copa. A José Manuel Capote, labrador de Macarao, lo agarraron pasado de tragos en la Plaza Mayor. Los dos terminaron en prisión.

Todos estos casos y muchos otros que reposan en nuestros archivos ocurrieron entre 1818 y 1819, en los años finales de la guerra de Independencia.

No todo fue épica y gloria en aquel proceso. Mientras unos estaban en el frente de batalla, otros se mantenían bebiendo, indiferentes a los afanes del conflicto.

MANTUANOS

Los marqueses y los condes criollos

¿Alguna vez se han preguntado ustedes si en Venezuela hubo condes y marqueses semejantes a esos personajes que aparecen en las películas con sus pelucas blancas, sus casacas bordadas y sus zapatos con hebillas al frente?

La respuesta es sí. En Venezuela hubo varios condes y marqueses. Los marqueses fueron cuatro: el marqués de Mijares, el marqués del Toro, el marqués de Ustáriz y el marqués del Valle de Santiago. Y los condes, tres: el conde de San Javier, el conde de Tovar y el conde de la Granja. Estos títulos eran hereditarios: todos pertenecían a las mejores familias de la ciudad.

Hay autores que dicen que estos títulos no tenían mayor significación y que era exclusivamente un capricho ostentoso de estos señores para lucir un escudo de armas en el portal de sus casas. Esto no es verdad. No todo el mundo podía tener un título nobiliario; sólo aquellos que eran descendientes de los conquistadores y dueños de una inmensa fortuna podían lograr que el Rey les concediera una distinción de este tipo.

Poseer un título nobiliario en Venezuela en el siglo XVIII y en los primeros años del siglo XIX, inmediatamente antes de que comenzara la guerra de Independencia, era la forma más efectiva de demostrar que su dueño y todos sus familiares estaban por encima del resto de los venezolanos, sin más.

El costoso marquesado del Toro

Es sorprendente la importancia que se le daba en Venezuela a la posesión de un título nobiliario, y más sorprendente aún la cantidad de dinero que estaban dispuestos a pagar quienes aspiraban a obtener uno de marqués.

El primer marqués del Toro, Bernardo Rodríguez del Toro, para conseguir la concesión del título pagó una cantidad cercana a los treinta mil pesos. Unos años más tarde entregó a la corona veinte mil pesos más. Estamos hablando de un total de cincuenta mil pesos. Ustedes se preguntarán cuánto dinero era eso. Qué significaba en la Venezuela del siglo XVIII gastar cincuenta mil pesos con el único propósito de mantener un título de marqués. Pues bien, con cincuenta mil pesos se podían comprar dos estupendas haciendas de cacao, con todos sus esclavos, todos sus aperos y varios centenares de árboles en producción. Si lo convertimos en plata de hoy, cincuenta mil pesos del siglo XVIII equivaldrían aproximadamente a dos millones de dólares actuales. ¡Ni más ni menos!

La obtención de un título de marqués era algo especialísimo. Bien valía la pena gastarse ese montón de dinero: era la marca que diferenciaba al noble del plebeyo, y al noble rico del noble a secas.

Matrimonios entre mantuanos

Durante mucho tiempo fue una costumbre en Venezuela que los hijos y las hijas de las familias más ricas y de mayor abolengo se casaran entre sí.

Así ocurrió en la familia del Libertador, por ejemplo. María de Jesús, Josefa y María Ignacia, hermanas de doña Concepción Palacios y tías de Bolívar, fueron conducidas al altar por sus tres primos, los hermanos Juan Nepomuceno, Juan Antonio y José Félix Ribas, ricos y blancos como ellas. Juana y María Antonia, las dos hermanas de Bolívar, se casaron con sus primos Dionisio Palacios y Pablo Clemente.

Hay muchísimos ejemplos de estas bodas entre parientes cercanos y lejanos. Así se hacía entre los Ibarra, los Rodríguez del Toro, los Ponte, los Mijares, los Tovar y muchos otros. ¿A qué obedecía este empeño? ¿Es que no había más nadie con quién casarse en Caracas? Y el amor, ¿no era importante?

La respuesta es muy sencilla: casándose entre ellos se conservaban los bienes en la misma familia, se protegía la nobleza y esplendor de sus antepasados y se cumplía con las órdenes del Rey, quien en su Real Pragmática de Matrimonios mandaba que los hijos de familia se inhibieran de contraer matrimonio con gente del común. El amor no contaba para nada.

Y en la actualidad, ¿será verdad que solamente el amor es lo que cuenta?

La conjura de los blancos

En 1808, dos años antes de que ocurriesen los sucesos del 19 de abril de 1810, los mantuanos promovieron la constitución de una Junta. Siempre se ha dicho que fue un movimiento pre-independentista. Los hechos muestran lo contrario.

En noviembre de 1808 un grupo de mantuanos le propuso al Capitán General constituir una Junta de Gobierno. El objetivo era manifestar la lealtad de la Provincia a Fernando VII, Rey de España, sometido a prisión por Napoleón Bonaparte, el emperador de los franceses.

La iniciativa no prosperó. Inmediatamente se inició una causa contra los mantuanos por conspiración, se les acusó de promover la Independencia y fueron encarcelados. Los propulsores de la Junta alegaron que no habían cometido ningún delito. La propuesta no perseguía la Independencia, sino defender la integridad del imperio español y la soberana autoridad de Fernando VII. El asunto no pasó de allí. Poco tiempo después fueron absueltos.

La llamada conjura de los mantuanos no fue una conspiración antimonárquica, sino la última e inequívoca demostración de lealtad a la corona por parte de los mantuanos caraqueños. Justo dos años antes del inicio de la Independencia.

La eliminación de los privilegios

Es realmente llamativa la manera como en Venezuela se borraron para siempre los títulos nobiliarios y todos los privilegios y fueros que existían durante la época colonial.

En los primeros días de diciembre del año 1811, cuando ya se había declarado la Independencia, se discutió en el Congreso si debían eliminarse los títulos nobiliarios y las leyes que establecían diferencias entre los venezolanos. El tema desató una fuerte polémica. Después de mucho discutir, se acordó dejar las cosas como estaban y no acabar con los privilegios antiguos. Todo quedaría igual.

Pero ocurrió algo imprevisto. Unos días más tarde, se convocó a los mismos diputados a fin de que fuesen a firmar el texto completo de la Constitución. Para sorpresa de algunos de los asistentes, la flamante Carta Magna sancionaba la eliminación de los privilegios y declaraba la igualdad de todos los venezolanos.

Esto generó la protesta de ocho diputados, todos ellos sacerdotes, contrarios a que la Constitución suspendiese los fueros de que gozaban los curas. El presidente del Congreso zanjó el asunto diciendo que estaban allí para firmar la Constitución, no para discutirla.

Desde ese día los venezolanos, al menos ante la ley, somos todos iguales.

El IV marqués del Toro

Francisco Rodríguez del Toro tenía 25 años cuando murió su papá. A partir de ese día se produjo un cambio fundamental en su vida: se convirtió en IV marqués del Toro.

¿Qué significaba exactamente ser marqués en Venezuela?

Un marqués ocupaba el lugar más elevado de la sociedad y el de mayor prestigio y mayor figuración social. Esto no era poca cosa por una sencilla razón: la sociedad venezolana de la Colonia era profundamente jerárquica y desigual.

Esto en términos prácticos significaba lo siguiente: primero, que las personas, desde el mismo día de su nacimiento, no eran iguales entre sí; segundo, que los que habían nacido con privilegios estaban destinados a mandar y los que no, a obedecer; y tercero, que esta situación no se podía modificar, pues, según sostenían la Corona y la Iglesia, el mismísimo Dios había organizado a sus criaturas de esa manera para garantizar la armonía y el equilibrio de la sociedad.

A cambio de todo esto, los nobles tenían varios deberes: ser leales al Rey, defender a la monarquía y proteger justamente esa desigualdad.

El IV marqués del Toro fue un fiel seguidor de los deberes y derechos que se desprendían de su condición: fue leal súbito del Rey, defensor irrestricto de la monarquía, enemigo del desorden y protector de la desigualdad, hasta el día que estalló la Independencia. A partir de allí se produjo otro cambio fundamental en su existencia. Pero eso es otra historia.

El cura de Guacara

Ustedes se sorprenderían del tipo de diligencias que estaba dispuesto a promover un noble titulado para hacer valer sus prerrogativas. Yo misma me he quedado perpleja de la importancia que se le daba a ciertos detalles que hoy parecen superfluos, pero que muestran el funcionamiento de la sociedad venezolana de entonces, muy poco antes del inicio del proceso de la Independencia.

En 1808 –apenas dos años antes de los sucesos del 19 de abril de 1810- el marqués del Toro montó un pleito contra el cura de Guacara. La discordia se originó porque el sacerdote había suprimido el tratamiento de "señoría" cuando se refería al marqués en todas las partidas de nacimiento, entierros y matrimonios de sus esclavos, un agravio contra su dignidad de noble titulado. Exigía que se reprendiera al cura y se mandasen a incluir en todos los documentos el tratamiento de "señoría" cada vez que se mencionaba su nombre.

¿Qué creen ustedes que pasó? Pues que el marqués se salió con la suya. El Capitán General de Venezuela ordenó que regañaran al sacerdote y se hiciesen las correcciones que exigía "su señoría, el marqués del Toro".

Muy poco tiempo después, en la Declaración de la Independencia, aparece el nombre de Francisco Rodríguez del Toro. Ya no viene precedido por el tratamiento de "su señoría" sino por el de diputado del Congreso General de Venezuela.

Retirada con gloria

El primer combate que se libró para hacer valer la decisión tomada el 19 de abril de 1810 ocurrió en Coro. El jefe de las tropas fue el marqués del Toro, quien salió con las tablas en la cabeza.

Cuando a Coro llegó la noticia de que en Caracas se había constituido una Junta Suprema, el Cabildo y el comandante de armas de los corianos decidieron desconocer al gobierno de lo que hoy es la capital de Venezuela.

Así que la Junta en Caracas designó General del Ejército del Poniente al marqués del Toro, para que fuera a someter a los corianos. En mayo, el general y marqués del Toro, al mando de su ejército, abandonó la capital. En junio instaló su cuartel general en Carora. Desde allí envió numerosas comunicaciones intimidatorias a los corianos a fin de conminarlos a deponer su actitud. De lo contrario la ciudad sería atacada y tomada por la fuerza. Los corianos se mantuvieron inconmovibles: bajo ningún concepto reconocerían la autoridad de la Junta de Caracas.

Después de varios meses de negociaciones infructuosas, en noviembre el marqués inició el ataque. El 8 de diciembre informa su fracaso a la Junta: el Ejército del Poniente no había sometido a los corianos. Sin embargo, la derrota tenía su lado positivo. El marqués, en su parte de guerra, se ufana de haber logrado la proeza de una retirada tan ordenada que quedaría inmortalizada en la gloria de la Nación.

El marqués se arrepiente

Aunque esto generalmente no se dice, muchos de los criollos que apoyaron al inicio la Independencia poco a poco se fueron apartando de la causa patriota. El marqués del Toro fue uno de ellos.

Francisco Rodríguez del Toro, cuarto marqués del Toro, apoyó los sucesos del 19 de abril, fue ascendido a General por la Junta Suprema de Caracas, dirigió el primer ejército que salió a combatir a los realistas de Coro, fue miembro del Congreso Constituyente, firmó la declaración de la Independencia, puso su nombre al pie de la primera Constitución de Venezuela y participó activamente en la guerra como oficial del ejército patriota. Sin embargo, en mayo de 1812, en momentos en que el ejército patriota al mando de Francisco de Miranda hacía todo lo posible por contener el avance de las tropas realistas, Francisco Rodríguez del Toro desertó.

El asunto fue así. El marqués del Toro aceptó una comisión para ir a los llanos a levantar tropas y conseguir unos caballos. El marqués ni levantó las tropas ni consiguió los caballos. Espantado ante el caos y la anarquía que se habían desatado con la Independencia, decidió separarse de aquel horror. Se reunió con su familia, cogió el camino de oriente, llegó hasta Cumaná y de allí fue a tener a Trinidad. Más nunca se supo del marqués, hasta que terminó la guerra.

El lento perdón del Rey

Francisco Rodríguez del Toro, último marqués del Toro, primero fue leal súbdito del Rey, después estuvo comprometido en la Independencia y a partir de 1812 desertó del ejército patriota y se refugió en Trinidad, donde permaneció casi diez años.

¿Qué hizo el marqués al establecerse en Trinidad? Pues, ni corto ni perezoso, en 1814 le escribió al Rey de España para explicarle que todo lo ocurrido en Venezuela había sido una terrible equivocación y suplicarle que, como padre benigno, tuviera compasión de su descarrío, le restituyera sus bienes y lo autorizara a regresar a Venezuela. Cinco años esperó el marqués el perdón del Rey, en Trinidad, ajeno por completo a los trastornos de Venezuela.

En 1819, finalmente llegó el ansiado perdón del Rey, pero era demasiado tarde. Muy poco tiempo después triunfó la revolución de Independencia y el marqués regresó a Venezuela como si nada. No dijo ni una palabra de sus tratos con el Rey. Por el resto de su vida se dedicó a demostrar que había sido uno de los fundadores de la nacionalidad. Lo consiguió: en vida se le rindió homenaje como uno de los próceres de nuestra Independencia y después de muerto, también.

Una oportuna pensión de inválido

El 12 de julio de 1850, Francisco Rodríguez del Toro solicita que se le otorgue una pensión por los servicios prestados a la patria durante la guerra de Independencia. Tenía 89 años de edad.

Como ya se dijo, Francisco Rodríguez del Toro, último marqués de la Colonia y primer general de la República, se unió a la Independencia en 1810 y huyó del país en 1812. No regresó sino diez años después, cuando la guerra había concluido.

En 1850, al momento de pedir la pensión, alegó que fue el primero en salir en campaña contra los enemigos de la República y que hizo todo género de sacrificios por el bien de su Patria. Precisamente como consecuencia de aquellos sucesos ocurridos cuarenta años atrás su salud estaba debilitada y padecía males incurables que le impedían ganarse el sustento.

Dos médicos certificaron que los achaques de salud padecidos por Toro, a sus 89 años de edad, tenían su origen en las fatigas militares, en las marchas trasnochadas y en las emociones del alma a las que se vio sometido el intrépido general cuando estuvo en combate.

Ese mismo año recibió su pensión de inválido: el gobierno venezolano reconocía así los servicios que prestó el general Toro durante año y medio de los diez que duró la terrible guerra de Independencia.

El primer habitante del Panteón

El Panteón Nacional es la máxima expresión del culto a los héroes. Allí yacen los restos mortales de los próceres de la Independencia y de muchos otros venezolanos a quienes se les ha rendido tributo incorporándolos a este exclusivo mausoleo.

Pero, ¿quién fue el primer habitante del panteón? La historia es digna de ser contada.

El 13 de mayo de 1851 falleció Francisco Rodríguez del Toro. El mismo cuarto marqués del Toro del que hemos resumido su controversial biografía, de súbdito del Rey a entusiasta defensor de la Independencia y desertor del ejército patriota que luego rogó por un perdón de la Corona, y que al acabarse las hostilidades regresó a Venezuela para, irónicamente, ser recibido como uno de los fundadores de la nacionalidad.

Pues al morir, ese voluble personaje recibió los más altos honores: era el último sobreviviente de los hombres que firmaron la declaración de la Independencia el 5 de julio de 1811. La ceremonia fue todo un acontecimiento.

Su cuerpo fue sepultado en la Iglesia de la Santísima Trinidad, la misma que dos décadas más tarde, el 27 de marzo de 1874, por decreto del presidente Antonio Guzmán Blanco, se convirtió en Panteón Nacional. Cuando esto ocurrió ya Francisco Rodríguez del Toro se encontraba allí y allí permanece en la actualidad.

El triste destino del conde de La Granja

El 9 de julio de 1814, Fernando Ascanio y Monasterios se trajeó con sus mejores galas, se colocó todas sus condecoraciones reales y cabalgó en dirección a El Valle a recibir a las tropas del Rey. Ni por un momento le pasó por la cabeza que esa decisión le costaría la vida.

Fernando Ascanio y Monasterios era el cuarto conde de La Granja. En 1796, había obtenido la merced nobiliaria luego de un larguísimo trámite que le tomó casi once años. Cuando estalló la Independencia, al igual que la mayoría de los mantuanos, se sumó al proyecto emancipador, pero muy poco tiempo después se distanció de los patriotas. En 1812 fue llamado a incorporarse como diputado al Congreso Constituyente de Venezuela. No aceptó el nombramiento. Se había unido a quienes defendían la causa del Rey.

Dos años más tarde, en 1814, es derrotada la República. Simón Bolívar ordena evacuar la capital. El conde de La Granja se quedó en su casa. Al enterarse de que el ejército del Rey se encontraba muy cerca de la ciudad decidió salir a su encuentro. La ocurrencia le salió cara. El jefe de las tropas realistas, un mulato de apellido Machado, al ver aparecer a aquel personaje con casaca bordada y medallas de oro, sin que mediaran explicaciones, lo bajó del caballo de un lanzazo. Terminaron así los días del cuarto y último conde de la Granja.

Feliciano Palacios y Blanco, el tío Chano

Cuando se habla de la Independencia, generalmente se omite que muchos de los hombres que apoyaron los hechos del 19 de abril después brincaron la talanquera y defendieron la causa del Rey. Feliciano Palacios y Blanco, el tío de Simón Bolívar, fue uno de ellos.

Feliciano Palacios era Alférez Real del Cabildo de Caracas, cargo de alta figuración en la Colonia ya que era el encargado de presidir la Juramentación del Rey. El tío Chano, como le decían familiarmente, formó parte de la Junta Suprema de Caracas y al caer la República, en 1812, salió de Venezuela. Cuando regresó, Caracas se encontraba bajo el control de los realistas. Entonces el tío Chano se presentó ante el Cabildo y reclamó su cargo de Alférez Real. A partir de entonces fue enemigo furibundo de la República. En 1819, Feliciano Palacios promovió un feroz documento contra el Libertador. "Ingrato", "traidor" y "monstruo" fueron los epítetos que utilizó para referirse a su sobrino.

Dos años después concluyó la guerra. Feliciano Palacios desapareció de la vida pública. Pasó el resto de sus días en la hacienda de Chirgua, una de las propiedades de su sobrino, el Libertador. Más nunca volvió a meterse en política.

MANTUANAS

María Antonia Bolívar: monárquica

Siempre se ha dicho que todos los blancos criollos, sin excepción, estuvieron de acuerdo con la Independencia. Pero sin ir muy lejos, en la familia de Simón Bolívar, por ejemplo, su hermana mayor, María Antonia Bolívar, manifestó desde el primer momento su rechazo a la propuesta emancipadora.

¿Pelearse con el Rey? ¿Declararle la guerra a España? ¿Constituir una república? Todo aquello le parecía el más absoluto disparate.

Desde que tenía uso de razón había oído hablar en su casa de la larga tradición de lealtad a la Corona que había caracterizado a los Bolívar, a los Palacios, a los Blanco y a todos sus ancestros. Desde el más remoto de sus tatarabuelos hasta su papá, los hombres de su familia habían ocupado altos cargos en el gobierno de la provincia. Nunca habían tenido altercados con la Corona. Económicamente, tampoco les había ido mal: tenían numerosos esclavos, bastantes haciendas y cuantiosas rentas. Hasta un título nobiliario había gestionado uno de sus antepasados.

No podía entender cómo ni por qué sus tres hermanos, Juan Vicente, Juana y Simón Antonio, se habían dejado seducir por el horror de un movimiento que contradecía abiertamente todo lo que les habían enseñado desde que eran chiquitos.

María Antonia se mantuvo en sus trece. Nada ni nadie la hizo cambiar de opinión. Otros blancos criollos, mantuanos como ella, pensaban igual. Pero como sabemos la Independencia triunfó y modificó sus vidas, para siempre.

Enemiga de la República

El 15 de junio de 1813 Simón Bolívar dictó en Trujillo su célebre decreto de Guerra a Muerte. El decreto, para quienes no lo tienen presente, terminaba con estas palabras: "Españoles y canarios, contad con la muerte aun siendo indiferentes si no obráis activamente en obsequio de la libertad de Venezuela. Americanos, contad con la vida, aun cuando seáis culpables".

Bolívar en persona se encargó de poner en práctica su amenaza. Al llegar a Caracas, ese mismo año de 1813, ordenó la ejecución de varios centenares de españoles que se encontraba prisioneros en La Guaira. Las reacciones no se hicieron esperar. Su propia hermana, María Antonia Bolívar, se quedó sencillamente aterrada frente al decreto y las medidas tomadas por su hermano. Desde el primer día María Antonia había estado en contra de la Independencia y no estaba dispuesta a dejarse amedrentar por las órdenes de Simón Antonio, su hermano menor.

En su propia hacienda de Macarao escondió a españoles y canarios para salvarlos de una muerte segura. Fue acusada de traidora. En las calles de Caracas, los partidarios de la República le gritaban "¡goda!", "¡aristócrata!". No se inmutó en lo más mínimo.

María Antonia Bolívar, a pesar de las amenazas, siguió siendo enemiga de la República y súbdita leal del Rey de España, mientras su hermano se convertía en el más encarnizado enemigo de la Monarquía española.

Expulsada de Venezuela

El 6 de julio de 1814, Simón Bolívar ordenó evacuar la ciudad de Caracas. Todo el mundo, sin excepción, debía salir de la capital.

La situación era desesperada. Las tropas realistas se encontraban a pocos kilómetros de Caracas y amenazaban con degollar a todos los blancos de la ciudad. Los que no alcanzaran a salir por La Guaira debían tomar el camino de Capaya en dirección a oriente.

Para sorpresa de Bolívar, su hermana María Antonia se negó a obedecer sus órdenes. Le hizo saber que bajo ningún concepto se iría de su casa. No tenía el menor motivo para salir en carrera hacia La Guaira, mucho menos se iría despavorida por el camino de Capaya. Todo el mundo sabía que ella era partidaria de la Corona. Estaba convencida de que no le pasaría absolutamente nada. Esperaría en Caracas a los ejércitos del Rey.

Bolívar pensaba lo contrario: estaba totalmente seguro que toda su familia, realista o no, sería aniquilada sin contemplaciones. Ese mismo día, por órdenes del Libertador, cuatro soldados y un teniente sacaron a María Antonia de su casa, con sus cuatro muchachos y su marido, los condujeron a La Guaira y los montaron en un barco con destino a Curazao.

La mayoría de los caraqueños no corrió la misma suerte: muchos de ellos perdieron la vida en el camino a Capaya.

Pensionada del Rey

Muy poca genta sabe que María Antonia Bolívar recibió una pensión del Rey de España, en plena guerra de Independencia.

Como acabamos de ver, en 1814 fue obligada a salir de Venezuela por el Libertador. Desde el exilio hizo numerosas diligencias ante la Corona para demostrar que jamás simpatizó con el partido de su hermano.

En 1817, desesperada, sin recursos para mantenerse en La Habana con tres de sus hijos y un marido enfermo, le escribe al Rey de España. "Nada más contrario Señor a mi modo de pensar", dice la carta, "que lo que establecieron aquellos fanáticos. Vi con el mayor horror los movimientos políticos que encendían mi infeliz patria. La desgracia señor de tener un hermano a la cabeza de la revolución sólo me concitó el odio y la indignación".

Le suplicó al Rey que, para aliviar sus padecimientos, le otorgara una pensión. En 1819 el soberano le concedió una pensión de 1.000 pesos, que duplicó al año siguiente. Una suma más que suficiente para vivir sin privaciones en la capital cubana.

Defensora de la dictadura

El 24 de junio de 1828, en Bogotá, Simón Bolívar asumió el Poder Ejecutivo con atribuciones dictatoriales. La medida suscitó diferentes reacciones. Hubo quienes criticaron ferozmente la dictadura y otros que la apoyaron con febril entusiasmo.

María Antonia Bolívar fue una de las que respaldó sin cortapisas la dictadura de su hermano menor, de quien se había convertido en férrea defensora al concluir la guerra independentista. Sólo la autoridad de Simón Bolívar pondría fin a la anarquía y el desorden promovidos por la emancipación, opinaba María Antonia.

Cuando a mediados de julio llegó a Caracas la noticia de la dictadura de Bolívar, las autoridades ordenaron que fuesen iluminadas y adornadas las casas para celebrar el magno acontecimiento. Inmediatamente María Antonia se ocupó de cumplir con el decreto del gobierno.

La noche del 18 de julio de 1828, acompañada por una multitud de seguidores del Libertador, condujo el retrato de su hermano hasta la Plaza Mayor y lo colocó en sitial de honor, exactamente igual que se hacía con el retrato del Rey en tiempos de la Monarquía. Se inició así, en Caracas, la breve y fallida dictadura de Simón Bolívar.

El interés femenino por la política

La política, en tiempos de la Independencia y después también, se consideraba asunto masculino. No estaba bien visto que las mujeres intervinieran en la vida pública. Sin embargo, hubo muchas que desatendieron este parecer. María Antonia Bolívar fue una de ellas.

A ella siempre le interesó la política. Cuando concluyó la guerra de Independencia, no le quedó más remedio que regresar a Venezuela, pero siguió opinando sobre lo que ocurría en el país sin el menor rubor. Simón Bolívar no compartía este proceder y así se lo hizo saber a su hermana: "Antonia, te aconsejo que no te mezcles en los negocios políticos. Una mujer debe ser neutral en los asuntos públicos. Su familia y sus deberes domésticos son sus primeras obligaciones. Sobre todo, no te metas en nada de política".

María Antonia no escuchó los consejos. Nadie escapó a la furia de su lengua: "bribones", "ladrones" y "sátrapas" eran los epítetos que utilizaba para insultar a los enemigos de su hermano, los mismos que alguna vez usó para referirse a los enemigos del Rey.

Libertador o difunto

Concluida la guerra de Independencia, hubo quienes le propusieron a Simón Bolívar que se coronara Rey y que instaurara una monarquía en los territorios liberados por su espada.

Pero María Antonia, quien nunca simpatizó con la República, se opuso rotundamente a la idea. Para ella, la propuesta de coronar a su hermano menor era una terrible maquinación de sus enemigos y su único propósito era desprestigiarlo. Se animó entonces a escribirle a su hermano y le dijo su parecer: "Simón, te mandan un comisionado a Perú a proponerte que te corones. Recíbelo como merece la propuesta que es infame. Di siempre lo que dijiste en Cumaná el año 14 que serías Libertador, o muerto. Ese es tu verdadero título, el que te ha elevado sobre los hombres grandes, y el que te conservará las glorias que has adquirido a costa de tantos sacrificios".

El proyecto monarquista no prosperó, pues Bolívar no aceptó la Corona. María Antonia pudo estar tranquila. Seguramente en su fuero íntimo no concebía que pudiese haber otro Rey distinto a Fernando VII, el único monarca a quien había jurado lealtad y vasallaje.

Repatriación y muerte

Ocho años después de la muerte de Simón Bolívar, ocurrida en Santa Marta, Colombia, todavía resultaba delicado hablar de repatriar los restos del Libertador a Venezuela. El tema seguía siendo tabú.

María Antonia, en 1838, decidió romper el hielo. Le escribió al presidente Carlos Soublette para plantearle que Bolívar en su testamento había dejado dispuesto que sus restos mortales fuesen depositados en Caracas. "Cerca de ocho años hace ya que falleció y sus cenizas continúan en un país extranjero", dice María Antonia. "El tiempo transcurrido era más que suficiente para que se hubiesen extinguido las pasiones de los hombres y sus deudos pudiesen, finalmente, dar cumplimiento al último deseo del difunto". Solicitaba, encarecidamente, que le permitiera inhumar a su hermano en su ciudad natal.

La petición no prosperó. Tal parece que las pasiones de los hombres no se habían extinguido, como pensaba María Antonia. Cuatro años más tarde, en 1842, José Antonio Páez dispuso la repatriación de los restos de Simón Bolívar.

María Antonia no estuvo presente. El 7 de octubre, dos meses antes del fastuoso homenaje tributado a su hermano, María Antonia falleció.

Extravíos de una viuda principal

El 10 de julio de 1836, María Antonia Bolívar publicó un aviso para denunciar el robo de diez mil pesos y ofrecer una recompensa a quien entregara al ladrón.

El ladrón apareció. Se llamaba Ignacio Padrón y se le abrió una causa por hurto. Pero la denuncia no prosperó. Sir Robert Kerr Porter, el encargado de negocios de Inglaterra en Venezuela, anotó en su diario que Padrón entregó la correspondencia que había sostenido con María Antonia, con el fin de demostrar que los diez mil pesos faltantes se los había regalado la señora cuando estaba en tratos amorosos con él.

El testimonio de Padrón dejaba en entredicho el honor y la virtud de María Antonia Bolívar, viuda, blanca, principal y para colmo sexagenaria y hermana del Libertador. Un escándalo total.

Sin embargo, de todo este episodio, salvo lo que dijo el inglés, no quedó ninguna huella. El expediente con todas las evidencias del escandaloso amorío de María Antonia desapareció para siempre del archivo general de la Nación. Una F en rojo colocada en el índice es la única evidencia de que alguna vez se abrió una causa por robo contra un sujeto de apellido Padrón.

No es este, por cierto, el único expediente extraviado[1] en un archivo venezolano.

---

1 El expediente finalmente apareció cuando el Archivo General de la Nación fue trasladado de la Av. Urdaneta a su sede actual. Como resultado de su revisión pude escribir y publicar *El fabricante de peinetas. Último romance de María Antonia Bolívar*, Caracas, Alfa Editorial, 2011 (Nota de la autora).

Un marido para Felicia Bolívar

Felicia Bolívar, sobrina del Libertador, un buen día recibió la visita del secretario de su tío. El mensajero venía a informarle el nombre de su futuro marido.

Por órdenes del Libertador, Felicia debía contraer matrimonio con el General José Laurencio Silva. La pobre Felicia no escondió su disgusto. ¿Casarse con el general Silva? ¡Pero si ni siquiera lo conocía! Bolívar, al enterarse de su reacción, le hizo saber que si no convenía a sus instancias dejaría de verse favorecida por su bondad.

Felicia, preocupada, le escribió a su tío el 5 de mayo de 1827 para disipar cualquier duda respecto a su mandato. Se había demorado en responder porque era un asunto que exigía la mayor reflexión y para que no pensara que una pronta condescendencia nacía de su amenaza. Con gustosa resignación pondría en sus manos su futura suerte.

En diciembre de 1827, Felicia Bolívar fue conducida al altar por el General Silva. El mandato del tío se cumplió a cabalidad. Felicia tuvo siete hijos y se mantuvo al lado de su marido hasta el día de su muerte.

María Teresa Blanco y Ponte, fea y despreciable

En 1795, María Teresa Blanco y Ponte, una acaudalada mantuana de la capital, es cortejada por Francisco Carrera, un joven catalán recién llegado a Caracas.

Después de un breve noviazgo la pareja decide contraer matrimonio. Don Miguel de Ponte y Mijares, tío de María Teresa, se opone a la boda. Su sobrina era prima del conde de Tovar y del marqués de Mijares y estaba emparentada con el conde de San Javier. Su nobleza y distinción estaban a la vista. Todo lo contrario de Carrera, un mozo desconocido, mal vestido, que ayudaba al boticario y atendía un puesto en la Plaza Mayor. Sus parientes, en Cataluña, eran artesanos y no estaban autorizados a ceñir espada, mucho menos a desposar a una dama de abolengo y distinción. Francisco no tenía los puntos para casarse con María Teresa.

Pero había otro detallito: la edad y características físicas de María Teresa. Su sobrina, dice el tío, era una mujer de más de cuarenta y tres años, fea y despreciable.

La conclusión salta a la vista: el catalán lo que quería era ponerle la mano a su fortuna, entrar en la blanca sociedad. Nadie de su distinguida parentela, empezando por él, admitiría a este advenedizo en la familia, aunque fuese blanco y viniese de Cataluña.

El tío ganó el pleito. María Teresa continuó soltera y el catalán en su puestico de la Plaza Mayor.

La pobre Rosalía de la Madriz

A ustedes seguramente no les dice nada el nombre de Rosalía de la Madriz. Pues a mí tampoco me decía nada hasta que me topé con esta historia.

Rosalía de la Madriz tenía todo dispuesto para casarse con José Manuel Morón en julio del año 1791. Cuando está a punto de celebrar la boda, aparece un impedimento: sus hermanos se oponen. No van a permitir que Rosalía, una mujer blanca, criolla y principal, perteneciente a las mejores familias de la ciudad, se case con Morón, un pardo, emparentado con mulatos, indios y zambos y toda clase de mezclas inferiores. Rosalía sale en defensa de su prometido y expone sus cualidades y virtudes. ¡Hasta había realizado estudios en el convento de Nuestra Señora de la Merced!, le informa a sus hermanos. Pero ni modo. No hay ningún argumento que los haga cambiar de opinión. Rosalía intenta un último recurso, su edad. Ella tenía 40 años. ¿Quién sino José Manuel, se iba a casar con ella?

Eso tampoco funcionó. Los hermanos de Rosalía recurrieron a la Pragmática de Matrimonios, un ordenamiento real que tenía como finalidad evitar cualquier enlace desigual, y contaron con el apoyo de los principales nobles de la ciudad. Rosalía fue a parar a un convento. Más nunca supo de Morón.

A lo mejor todavía queda por allí más de uno que, al oír esta historia, termina sintiendo simpatía por los hermanos de la blanca Rosalía.

La boda de la Mijares

En septiembre de 1815, en plena guerra de Independencia, la familia Mijares de Solórzano está pendiente de un pleito doméstico.

Ese fue un año crucial en el conflicto. Fue entonces cuando llegó a Venezuela una poderosa expedición al mando del general español Pablo Morillo. Su propósito era someter a los patriotas y recuperar el control de la Provincia para las armas del Rey. Sin embargo, los Mijares estaban más preocupados por el futuro de María del Rosario, la hija mayor de doña Josefa Mijares de Solórzano, quien pretendía casarse con Juan Evangelista Caballero, un joven de inferior calidad y que ni siquiera tenía un oficio decente con el que mantener a la joven mantuana.

Doña Josefa inicia un juicio para impedir el casorio. Estaba convencida de que, cuando se apagara la pasión vendría sin remedio una escandalosa separación.

Pero la guerra terminó favoreciendo a los novios. El pleito no prosperó. Sólo falta preguntarse si, al apagarse la pasión, se habrá cumplido el vaticinio de doña Josefa.

PRÓCERES Y PRECURSORES

El hijo de la panadera

¿Se han preguntado alguna vez por qué Francisco de Miranda se fue de Venezuela cuando tenía 20 años?

Pues lo hizo para no ser, por el resto de su vida, el hijo de la panadera.

En 1769 el Capitán General organizó un acto en la Plaza Mayor para formar las Milicias de blancos de la capital. En el acto nombró a Sebastián Miranda, el papá del futuro Precursor, capitán de un batallón. Inmediatamente el marqués del Toro, el conde de Tovar, el conde de San Javier, el marqués de Mijares y otros mantuanos de la ciudad se opusieron a este nombramiento. No estaban dispuestos a alternar con Miranda como oficial de las Milicias de blancos de la capital porque ese sujeto era un mercader, tenía tratos con mulatos y estaba casado con una panadera. El asunto fue un escándalo total. Miranda renunció al nombramiento pero demandó a los mantuanos; el Capitán General intervino para calmar los ánimos sin ningún resultado y los aristócratas siguieron empeñados en que solamente ellos, los blancos criollos de linaje y distinción, eran los llamados a dirigir las milicias del Rey. Todo este enredo terminó con una Real Cédula del Rey de España. El rey desautorizó a los mantuanos y le dio la razón a Miranda. Cuando la decisión del Rey llegó a Caracas, ya Francisco de Miranda estaba preparando su viaje a España. Después de lo ocurrido con su papá, no tenía el menor interés de quedarse en Caracas para que lo empezaran a llamar el hijo de la panadera.

El duelo entre Miranda y España

No todo el mundo sabe que Francisco de Miranda, antes de promover la Independencia, estuvo al servicio de la Corona española.

Cuando él se fue de Venezuela, viajó a España y tramitó su ingreso al ejército del Rey. Tenía 20 años. Participó en numerosas campañas y tuvo también numerosos problemas: se le denunció por insubordinación y se le abrió una causa por espía y contrabandista. De todas estas acusaciones, la más grave fue la que le siguió el Tribunal de la Inquisición por opinar de temas religiosos y por la posesión de libros prohibidos y pinturas obscenas. En 1782 pesaban sobre Miranda dos órdenes de captura, una de la Inquisición y otra autorizada por el Rey. Al año siguiente logró escapar de España.

En ese mismo momento se inició un duelo a muerte entre Miranda y la corona española. La Corona jamás desistió de su empeño en apresarlo. Y él se dedicó, por el resto de su vida, a liquidar la dominación española en América.

El duelo terminó tablas. Miranda murió en la cárcel de La Carraca en 1816. Pero ocho años más tarde, en 1824, España perdió para siempre el control de todo el continente americano.

Miranda y los Estados Unidos

Francisco de Miranda anotaba absolutamente todo lo que le ocurría en su diario de viaje. En este diario, por ejemplo, están sus notas sobre la primera visita que hizo a los Estados Unidos.

Miranda llegó a ese país en 1783, apenas seis años después de su declaración de la Independencia. Durante el año y medio que estuvo allí visitó las más importantes ciudades de aquel país y conoció a los personajes más relevantes del momento, incluyendo a George Washington. Este viaje constituyó para Miranda el primer contacto con las prácticas democráticas en la primera república del nuevo mundo. Quedó gratamente impresionado, pero hubo cosas que le parecieron demasiado liberales para su gusto. No consideraba apropiado que sastres, posaderos o herreros pudiesen ser electos para el Poder Legislativo, pues no creía que tuviesen conocimientos suficientes para atender los asuntos públicos. No estaba de acuerdo tampoco con que la gente se sentara en los banquetes sin tomar en cuenta la procedencia social de cada quien. En una ocasión, estando en una posada, le desagradó visiblemente que los sirvientes compartieran la mesa con sus señores. Él mismo jamás había compartido la mesa con su criado.

Muchos años después, en La Carraca, lo atendió hasta el día de su muerte Pedro José Morán, su último criado. Ya para morir, ¿habrá compartido Miranda su mesa con el sirviente Morán?

La invasión de Miranda

En 1806 circuló en Venezuela una copla que decía así:

A ese vendido al inglés
con su zarcillo en la oreja
y su melena de vieja
todo le sale al revés

La copla hace alusión al estruendoso fracaso de la invasión de Francisco de Miranda, el célebre precursor de nuestra Independencia. En abril de 1806, las tres embarcaciones que formaban parte de la expedición llegaron a Venezuela por la costa de Ocumare. Allí fueron atacadas por fuerzas españolas. El resultado fue desastroso: dos goletas cayeron prisioneras, se perdió parte del armamento, sus tripulantes fueron juzgados y diez de ellos sentenciados a morir en la horca, poco tiempo después, en Puerto Cabello.

A pesar de este primer descalabro, Miranda no desistió. Se refugió en Trinidad y de allí zarpó de nuevo en dirección a Venezuela. El 3 de agosto desembarcó en La Vela y siguió a Coro. No había un alma viviente. Nadie se sumó a la empresa libertaria del Precursor. Unos días más tarde, sin apoyo, sin agua ni recursos para sostenerse en Coro, no le quedó más remedio que desistir de su empresa libertaria. El 12 de agosto reunió a su gente y abandonó la ciudad. Viajó a Trinidad con la idea de hacer un nuevo intento. Nadie lo apoyó. En enero de 1808 regresó a su casa en Londres, con las tablas en la cabeza y sin un centavo. La expedición había sido un fiasco total.

Miranda y los caraqueños

¿Cuál cree usted que fue la reacción en Caracas frente a la expedición de Miranda en 1806? Pues, aunque le suene raro, de absoluto rechazo, tanto a Miranda como a su propuesta independentista.

Cuando se supo en Caracas que Miranda pretendía invadir a Venezuela para liberarla del yugo español, el Cabildo preparó un manifiesto contra él que decía: "Sólo un autor tan arrojado como Miranda pudo llegar al extremo indigno de suponer que los habitantes de estas provincias hayan sido capaces de llamarlo ni de intentar sacudir el dulce yugo de la obediencia a su Rey".

El mismo día se hizo un llamado a todos los habitantes de la provincia para que contribuyeran con lo que pudieran a fin de ponerle precio a la cabeza del traidor. En la Plaza Mayor se concentró un gentío dando vivas al Rey y se hizo una hoguera para quemar las proclamas libertarias. En los días siguientes, desde los más encopetados nobles de la ciudad hasta los más humildes verduleros de la plaza respondieron al llamado del Cabildo. Los más acomodados colaboraron con sumas hasta de 500 pesos; los más pobres se contentaron con dar un peso y hasta dos. En total se juntaron casi 20.000 pesos.

Cuatro años después, en diciembre de 1810, Francisco de Miranda llegó a Caracas. Fue recibido con honores. El Cabildo ordenó borrar de sus actas todos los manifiestos e insultos contra el Precursor. Nadie dijo una palabra sobre lo ocurrido en 1806, ni en aquel momento ni después.

El archivo viajero

Es un hecho realmente insólito que el archivo de Miranda haya llegado intacto a manos de los venezolanos. Cuando él vino a Venezuela en 1810 a unirse a la Independencia se trajo todos los papeles que había reunido desde que salió de Caracas 40 años atrás. Eran 72 tomos encuadernados en cuero y con letras de oro. Allí estaba el registro completo de su vida: campañas, viajes, cartas, informes y proyectos.

En julio de 1812, derrotada la República, lo primero que hizo Miranda fue poner a salvo su archivo a bordo del barco que tomaría para salir de Venezuela. Pero lo metieron preso y el barco zarpó sin el dueño de los papeles, que fueron a tener a Inglaterra, a manos del ministro inglés para las colonias. Cuando el ministro concluyó sus funciones se llevó el archivo para su casa. Allí permaneció durante 114 años sin que nadie preguntara de quién eran esos baúles.

En 1926, Alberto Adriani y Caracciolo Parra Pérez, dos venezolanos, lograron dar con el paradero del archivo. Milagrosamente los 72 tomos estaban tal como Miranda los dejó en 1812. No faltaba nada. Todo fue adquirido por el gobierno venezolano. Desde ese día reposaron intactos en la Academia Nacional de la Historia, hasta que el Archivo General de la Nación los reclamó en 2010.

La rebelión de Gual y España

Manuel Gual y José María España fueron delatados y traicionados dos veces.

Juan José Chirinos, un barbero y oficial de las milicias de pardos, fue invitado por Manuel Montesinos a participar en la rebelión. Chirinos le contó al capellán de su batallón el proyecto conspirativo. Inmediatamente el Capitán General ordenó la prisión de Montesinos y que fuese registrada su casa. Allí se encontraron los planes y proclamas de la rebelión y los papeles con la música y la letra de las canciones revolucionarias. Todo era absolutamente incriminatorio: la rebelión tenía como propósito promover la Independencia, abolir la esclavitud, instaurar una república y declarar la igualdad de los ciudadanos. Gual y España lograron escapar.

Dos años después, José María España regresó a Venezuela y empezó a organizar otra vez la rebelión. En esta ocasión fue delatado por un esclavo de su propiedad. Fue sometido a prisión, juzgado y condenado a muerte. La sentencia se ejecutó en la Plaza Mayor el 8 de mayo de 1799. Al año siguiente, en Trinidad, Manuel Gual murió envenenado. El delator fue un sargento de apellido Valecillos. En premio a su gestión recibió unos pesos por parte del Capitán General de Venezuela. Así concluyó la famosa conspiración de Gual y España.

No fue esta, por cierto, la primera traición ocurrida en estas tierras, ni tampoco la última.

Simón Bolívar, ¿marqués de San Luis?

Esteban Palacios y Blanco, hermano de doña Concepción Palacios y tío de Simón Bolívar, viajó a Madrid en 1792 a resolver un asunto. ¿Cuál era ese asunto familiar que exigía la presencia de Esteban Palacios en Madrid?

Pues ni más ni menos que atender personalmente el papeleo del marquesado de San Luis, el título nobiliario que el Rey de España le había otorgado a Juan Vicente Bolívar y Villegas, el abuelo de Simón Bolívar. El problema fue que el abuelo de Bolívar murió antes de tomar posesión del título. Muchos años después el papá de Simón Bolívar recibió una comunicación de la Corona diciéndole que para hacer uso del título tenía que pagar una fuerte cantidad de dinero y él se negó a cancelarla. Cuando el papá de Bolívar murió, doña Concepción envió a Esteban Palacios a España para que hiciera la diligencia. Pero doña Concepción también falleció. A todas estas, el heredero del título era Juan Vicente, el hermano mayor del Libertador. El tutor de Juan Vicente, aterrado por las cuentas que llegaban de Madrid, le ordenó a Esteban que no se ocupara más del caso. Juan Vicente murió en 1811. Esto significa que, justo cuando comenzaba la Independencia, Simón Bolívar era el legítimo heredero del marquesado de San Luis.

Y aquí vale la pena preguntarse: de no haber mediado la guerra de Independencia, ¿se hubiera convertido Simón Bolívar en el primer marqués de San Luis?

La muerte del Libertador

Como todos recordamos, Bolívar murió el 17 de diciembre de 1830 en la quinta San Pedro Alejandrino, cerca de Santa Marta, en Colombia. Pero la noticia se conoció en Caracas el 4 de febrero de 1831, casi dos meses después.

Las reacciones fueron diversas. El gobierno venezolano no declaró duelo oficial y ninguna ceremonia se dispuso para rendir homenaje al difunto. Los enemigos del Libertador celebraron entusiastas el deceso. "¡Ha muerto el genio del mal!", "¡Cayó el coloso!", escribieron por la prensa. La familia, no creyó ni por un momento, que fuese cierta la noticia de su muerte.

Cuando a María Antonia, la hermana mayor del Libertador, le dijeron que él había fallecido, contestó que aquello no era sino un invento más de los enemigos de su hermano, con el único propósito de desalentar a quienes esperaban el regreso triunfante de Simón para que pusiese fin a la anarquía que se vivía en Venezuela. Estaba segura de que, en cualquier momento, aparecería el Libertador con vida y en Caracas. Esperó en vano.

En junio de 1831, seis meses después del deceso, llegó a Caracas el general José Laurencio Silva, uno de los que acompañó a Bolívar en su lecho de muerte, y le entregó a María Antonia el testamento del difunto. Sólo entonces lloraron sus deudos la muerte del Libertador.

Simón Bolívar no murió pobre

Siempre se dice que el Libertador murió en la inopia y que ni siquiera tenía una camisa decente con que cubrir su cuerpo. Esto no es verdad.

Al momento de su deceso, Simón Bolívar era el dueño de las minas de Aroa, un valiosísimo yacimiento de cobre propiedad de su familia desde el siglo XVII. Al concluir la guerra, Bolívar liberó a sus esclavos de San Mateo y favoreció a muchas personas con asignaciones provenientes de su sueldo y rentas. En 1827, en su último viaje a Venezuela, repartió la totalidad de sus propiedades entre sus hermanas y sobrinos. Fue, sin duda, un hombre generoso. Sin embargo, jamás se le ocurrió renunciar a la propiedad de las minas de Aroa. Su proyecto era venderlas a fin de obtener una buena cantidad de dinero que le permitiese vivir holgadamente en Europa cuando decidiera retirarse de la vida pública. No lo logró, pero sus cálculos no eran equivocados. Dos años después de su muerte, una compañía inglesa compró las minas. Los herederos de Bolívar recibieron treinta y ocho mil libras esterlinas. Una suma equivalente, hoy en día, a dos mil millones de bolívares, al cambio oficial.

Una cantidad más que suficiente para vivir en cualquier parte del mundo en el siglo XIX y ahora también.

La herencia del Libertador

Como decíamos antes, el testamento de Simón Bolívar llegó a Caracas seis meses después de su muerte. Inmediatamente empezaron las discordias entre los deudos por el reparto de la herencia.

María Antonia se negó a reconocer una donación de 30.000 pesos hecha por Bolívar a Juana, su otra hermana. Tampoco estaba dispuesta a admitir la libertad de los esclavos de San Mateo, dispuesta por su hermano en 1821. Juana contrató un abogado para que demostrara la legitimidad de la donación que la favorecía y solicitó que María Antonia rindiese cuentas sobre la administración de los bienes de Bolívar mientras fue su apoderada. Ambas demandaron a Anacleto, el hijo mayor de María Antonia, a fin de que pagase el dinero que Bolívar le había entregado en vida.

Cuando llegaron a Caracas los enseres personales del Libertador, sus joyas, medallas y platería, hubo nuevos desencuentros.

En 1833, después de mucho litigar, se logró un convenimiento. El documento lleva por título "Transacción milagrosa hecha por la Santísima Trinidad y Nuestra Señora de la Merced".

Sólo la intervención de las tres divinas personas y de la Virgen María puso fin a la larga querella que suscitó el reparto de los bienes entre las hermanas y sobrinos del Libertador.

El archivo bolivariano

Poco antes de morir, Simón Bolívar ordenó que su archivo fuese quemado. Eran diez baúles con cientos de miles de documentos reunidos a lo largo de su vida, que según su última voluntad debían desaparecer para siempre.

Los albaceas del Libertador no se animaron a cumplir su mandato. Pero, sorprendentemente, decidieron desmembrarlo en tres partes. Una se le entregó a Pedro Briceño Méndez y terminó en manos de una empresa alemana; otra se la llevó Daniel Florencio O'Leary y la heredaron sus hijos y la tercera se la quedó Juan de Francisco Martín y pasó a manos de sus descendientes.

Casi cien años después de la muerte de Bolívar, se reagruparon en Caracas los papeles del Libertador. Los hijos de O'Leary vendieron su parte al gobierno de Venezuela en tiempos de Guzmán Blanco; la sección que tenían los alemanes fue adquirida por el gobierno del general Gómez y, la última tanda, también la compró el gobierno de Gómez al nieto de Martín el año 1926.

Desde esa fecha el archivo del Libertador se encuentra entre nosotros completo y enriquecido con numerosas adiciones. En la actualidad está bajo la custodia del Archivo General de la Nación, luego de estar por décadas en la Academia Nacional de la Historia a salvo del fuego y nuevos desmembramientos[2].

---

2   Por iniciativa de la Academia Nacional de la Historia, en asociación con el Instituto de Investigaciones Históricas *Bolivarium* de la Universidad Simón Bolívar (USB), se realizó su digitalización y automatización. La revisión se puede hacer en el portal de la Academia www. anhvenezuela.org y en el de la USB http://libertador.bolivarium.usb.ve (Nota de la autora).

La boda del mariscal

De nuestros próceres sólo conocemos sus hazañas militares; es muy poco lo que sabemos de su vida familiar, de sus vicisitudes amorosas. El caso de Antonio José de Sucre es buen ejemplo de ello.

Sucre es una de las figuras emblemáticas de la Independencia: triunfador de Pichincha, héroe de Ayacucho y fundador de Bolivia. Sin embargo, sus éxitos políticos contrastan con su dimensión privada. Sucre perdió a varios de sus hermanos en la guerra; abandonó Cumaná comenzando la Independencia y más nunca volvió a su ciudad natal, ni pudo estar presente cuando su padre murió. En los asuntos del corazón no le fue mejor: en 1822 se comprometió con Mariana Carcelén, la marquesa de Solanda, una quiteña riquísima. Apenas estuvieron juntos. Después del compromiso, Sucre se marchó al Perú y de allí a Bolivia. No volvió a ver a su prometida, ni siquiera el día de la boda. El 20 de abril de 1828 se casaron mediante un poder. El mariscal estaba en Bolivia y Mariana en Quito. Cinco meses después se reunieron, en la capital ecuatoriana. Tenían seis años sin verse. Eran dos desconocidos.

El matrimonio no duró mucho. En junio de 1830, año y medio después de contraer nupcias, Antonio José de Sucre fue asesinado. Tenía 35 años.

El nacimiento de Bolivia

Generalmente se dice que Antonio José de Sucre, el gran mariscal de Ayacucho, fue ciego y obsecuente seguidor de Simón Bolívar: un pelele del Libertador. La realidad fue distinta.

En 1825, Sucre se dirigió al Alto Perú —lo que hoy es el Occidente de Bolivia— para liberarlo de la dominación española. Bolívar consideraba que aquellos territorios, al quedar libres del yugo español, debían ser incorporados al Perú. Pero Antonio José de Sucre no era de la misma opinión.

Cuando Sucre llegó a la ciudad de La Paz dictó un decreto en el cual sancionó que las provincias del Alto Perú se encontraban en libertad de resolver su destino y organizar su propio gobierno.

El Libertador se puso furioso. En una carta a Sucre le reclamó la medida diciéndole: "Usted no tiene que hacer sino lo que yo le ordeno".

El mariscal de Ayacucho, sin embargo, no cambió de opinión. El 6 de agosto de 1825, una asamblea reunida en la ciudad de Chuquisaca declaró la independencia absoluta del Alto Perú, y llamó Bolivia a la nueva nación y Sucre a su capital.

El nacimiento de ese país ocurrió, entre otras cosas, porque Antonio José de Sucre defendió sus puntos de vista frente a los designios de Simón Bolívar y les otorgó a los bolivianos el derecho a decidir su propio destino.

Ayacucho

Hay hechos de la historia sobre los cuales existen visiones absolutamente contrapuestas. La batalla de Ayacucho, por ejemplo, fue interpretada de una manera en América y de otra diametralmente opuesta en España.

El combate ocurrió el 9 de diciembre de 1824. Ese día quedó sellada la independencia del Perú y concluyó la dominación española en el continente americano. A partir de ese momento Ayacucho se convirtió en hito y efeméride de la Independencia americana y en punto culminante de la epopeya por la libertad de todo un continente.

En España sucedió todo lo contrario. Cuando llegaron las noticias de lo ocurrido en Ayacucho la reacción fue desconocer el hecho: se trataba simple y llanamente de un invento más de los americanos. A los militares derrotados se les responsabilizó de la pérdida, fueron llamados cobardes, se puso en duda su lealtad a la Corona y se les acusó de haber llegado a un vergonzoso acuerdo con los americanos. Sólo así podría explicarse el terrible y definitivo fracaso de las armas españolas en la sabana de Ayacucho.

En América, Ayacucho es símbolo de valentía, de victoria. En España, Ayacucho es sinónimo de cobardía, de traición.

MUJERES CON HISTORIA

La educación femenina

En 1841 salió publicado un librito titulado *Lecciones de buena enseñanza moral*. Su autor fue Feliciano Montenegro y Colón, quien recomendaba a las damas aprender los oficios caseros, evitar el ocio y ocuparse del aseo de sus casas.

Transcurrido más de un siglo, en 1936 un articulista del periódico *La Religión* exhortaba a sus lectoras a que aprendiesen a conservar la ropa, hacer pantuflas y remendar medias. Además de estas útiles habilidades, las mujeres podrían ilustrarse y cultivar sus facultades intelectuales sin traspasar los linderos de la fe y el pudor, propios de su sexo. No se esperaba que la mujer fuese bachillera; era suficiente que tuviese los conocimientos para administrar el hogar y que supiese desenvolverse en las reuniones de salón.

Ese mismo año de 1936, contraviniendo las recomendaciones del articulista de *La Religión,* Lya Imber de Coronil se graduó de doctora en Medicina en la Universidad Central de Venezuela. A partir de allí no hubo vuelta atrás. En 1999 las cifras de la matrícula universitaria revelaron que hay más mujeres que hombres estudiando en las universidades venezolanas.

Ana Francisca Pérez de León

Seguramente muy pocas personas saben que el hospital Pérez de León le debe su nombre a una mujer. La historia es así.

Ana Francisca Pérez nació en Petare en 1744. Cuando tenía 68 años decidió hacer testamento. Allí dejó establecido que de una parte de su fortuna se hiciera un hospital de caridad para atender a enfermos desvalidos. Cedió 16.500 pesos para ese fin: una suma enorme para la época. Con ese dinero se podía comprar una buena hacienda de café o hasta 50 esclavos.

Después del terremoto de 1812, Ana Francisca, acompañada de dos esclavas ayudó a muchas personas que habían perdido todo, repartiéndoles comida y ofreciéndoles auxilio. Ese mismo año murió.

Solo fue en 1830, dieciocho años después de su muerte, cuando su albacea testamentario logró resolver los asuntos de la herencia y le entregó al Concejo Municipal el dinero para el hospital.

En 1838 abrió sus puertas en Petare el Hospital Pérez de León, omitiendo el nombre de pila de quien fuera su fundadora y principal benefactora. En enero de 2007, ciento sesenta y nueve años después de su fundación, se firmó el decreto que coloca el nombre completo de Ana Francisca Pérez de León a este centro de salud.

El ruego de la madre de Piar

El 19 de mayo de 1827 Isabel Gómez le escribe una carta a Simón Bolívar para solicitarle que la auxilie con una pensión. Se trataba de la madre de Manuel Piar.

Este militar patriota había fallecido diez años atrás. En 1817 fue sometido a un Consejo de Guerra y condenado a muerte por los crímenes de sedición y deserción. La sentencia se ejecutó el 16 de octubre. Simón Bolívar se dirigió a los soldados y les manifestó que el fusilamiento de Piar constituía un merecido castigo contra un cruel parricida que había ofendido a la Divinidad y al linaje humano.

Numerosos trámites hizo Isabel Gómez para obtener la pensión que le correspondía como madre de Piar. No obtuvo ningún resultado. En 1827, traspasada por el dolor, le escribe directamente al Libertador: "Llena de lágrimas recuerdo el término de su vida, pero al mismo tiempo recuerdo que hizo importantes servicios a la Patria". No hay reproches ni una palabra sobre las circunstancias en que su hijo había muerto. Sólo menciona que su hijo ya no estaba y que ella se encuentra en la miseria.

Ese mismo año Bolívar ordena que se le otorgue una pensión de 30 pesos a Isabel Gómez, madre de un distinguido defensor de la Independencia.

Luisa Cáceres de Arismendi

Muchísimas mujeres se vieron afectadas por la guerra de Independencia. De la mayoría no tenemos ni la menor noticia. Sólo algunas son recordadas como heroínas. Luisa Cáceres de Arismendi es una de ellas.

En 1814 Luisa se casó con Juan Bautista Arismendi, un oficial del ejército patriota. Tenía 15 años. Al poco tiempo, estando embarazada, fue sometida a prisión por los realistas; dio a luz en la cárcel a un bebé que no logró sobrevivir. Posteriormente fue trasladada de Margarita a La Guaira y enviada prisionera a Cádiz. Nunca se quejó, dicen sus biógrafos.

En la cárcel española se negó a pronunciarse en contra de la Independencia. Su lealtad de esposa así se lo exigía. Finalmente, logró huir a los Estados Unidos. Allí, un emisario de Arismendi la rescató y la trajo de regreso a Venezuela. En julio de 1818 se reunió con su esposo. Tuvo a partir de entonces once hijos y más nunca se involucró en los asuntos políticos de su país; tan solo se dedicó al cuidado de su casa y a atender a su marido.

Luisa Cáceres de Arismendi fue, por mucho tiempo, el modelo a seguir por las mujeres de la República. De todas se esperaba que fuesen como ella: abnegadas, sumisas, dedicadas a su marido, al hogar y ajenas a la política.

La monja que salvó Sucre

Una joven llamada Inés ingresó al convento de Santa Mónica en la ciudad boliviana de Chuquisaca, en 1811. Tenía quince años.

Fue una religiosa amiga de la familia la que la había convencido de las bondades de la vida monacal. Pero nunca le advirtió sobre los enormes sacrificios y los tormentos atroces que se vivían tras los muros del claustro. Al cumplir los treinta años, en 1826, Inés le escribió una carta a Antonio José de Sucre, en ese momento presidente y libertador de Bolivia, para describirle los padecimientos de su vida en el claustro. Durante quince años había sido una víctima inocente del fanatismo y de la violencia, y el llanto y la desesperación fueron su única compañía. Le rogaba al mariscal que la liberara de la terrible opresión en que se encontraba. "Nací libre y sufro un cautiverio espantoso en el reinado de la libertad", escribió.

Poco tiempo después obtuvo su libertad. Los decretos de regulación de la vida monástica y cierre de los noviciados sancionados por el presidente Sucre salvaron a Inés de terminar sus días tras de los muros del convento de Santa Mónica.

Las desamparadas hermanas Carreño

Teresa, Altagracia, Ana Antonia, María del Carmen y Belén Carreño eran las hermanas solteras del general José María Carreño, un prócer de la Independencia.

El padre de las Carreño sucumbió en 1814 en la plaza fuerte de Barcelona; dos de sus hermanos, Mariano y Julián, fallecieron al servicio de la patria; Pedro José, otro de los hermanos, no murió en la guerra pero estaba ciego. José María, el único que se ocupaba de ellas, falleció el 15 de mayo de 1849. Desde ese día quedaron en el mayor desamparo.

Ocho meses después de la muerte de su hermano, en enero de 1850, le dirigen una carta al Senado para solicitar una pensión. En la carta destacan los servicios prestados por el difunto. El general José María Carreño se comprometió con la Independencia desde el año de 1810, arriesgó la vida en numerosos combates, ocupó importantes cargos, nunca se casó y no acumuló bienes de fortuna. Bajó al sepulcro con un brazo menos y diecinueve cicatrices. Bien merecían sus hermanas que el gobierno se apiadara de ellas.

Muchísimas venezolanas, al igual que las Carreño, recurrieron al gobierno para aliviar sus padecimientos. Un importante número de ellas jamás obtuvo respuesta.

Manuela Sáenz, antes y después del Libertador

Manuela Sáenz es conocida fundamentalmente por haber sido la amante de Bolívar. "La libertadora del Libertador", la llamó él mismo, y así pasó a la Historia esta célebre quiteña.

Es verdad que estuvo unida afectivamente a Simón Bolívar, desde 1822, cuando se conocieron en Quito, hasta 1830, cuando él murió. Sin embargo, antes de que se encontraran por primera vez ya Manuela era activista de la Independencia. En Quito y en Perú auxilió logísticamente al Ejército, fue espía, asistió a reuniones conspirativas y arriesgó su vida en más de una ocasión. Cuando el Libertador falleció, se encontraba comprometida con Rafael Urdaneta en una rebelión contra el gobierno colombiano; tres años después fue expulsada de Colombia y no se le permitió regresar a su país para evitar que reanimara la llama revolucionaria. Desde Paita, en Perú, se mantuvo políticamente activa y era informante del venezolano Juan José Flores, quien fue presidente de Ecuador en tres oportunidades.

Además de amante de Bolívar, Manuela Sáez fue una mujer que vivió intensamente su verdadera pasión: la política; antes y después del Libertador.

Manuela, una heroína incómoda

La incorporación de Manuela Sáenz al panteón de las heroínas de la Independencia resultó un ejercicio historiográfico bastante complicado.

Manuela no fue una mujer convencional. Era hija natural de un funcionario español y una quiteña, fue enviada a estudiar a un convento y se escapó con un soldado, se casó con un inglés, abandonó a su marido y mantuvo una relación adúltera con el Libertador durante ocho años. Como amante de Bolívar tampoco se condujo de manera discreta: se ponía uniforme militar, recibía hombres a deshora, no era respetuosa de la moral y opinaba de manera inconveniente sobre los asuntos públicos. En Bogotá, un buen día, se dio el lujo de quemar, en su casa, un muñeco de Santander, cuando él era el vicepresidente de la República de Colombia.

La noche del 25 de septiembre de 1828, en Bogotá, los enemigos de Bolívar intentaron asesinarlo: Manuela Sáenz les hizo frente y ayudó a su amante a salir con vida del atentado. Fue por ese hecho que se ganó el mote de Libertadora del Libertador.

Este episodio la inmortalizó. Poco a poco los historiadores se ocuparon de borrar, negar o justificar la conducta de la quiteña hasta convertirla en heroína de la Independencia.

Manuela abandona a su marido

Cuando Manuela Sáenz conoce a Simón Bolívar en Quito, el año de 1822, estaba casada con un inglés, el señor James Thorne.

Ella y el famoso militar se enamoran y se mantienen unidos, con sus altos y sus bajos, hasta que la muerte (de él) los separa. Durante la mayor parte del romance la situación es complicada: Manuela sigue casada con el inglés pero todo el mundo sabe que es la amante del Libertador. Finalmente, siete años después de haberse unido a Bolívar, Manuela rompe de manera definitiva con su marido y le escribe esta carta: "Déjeme U., mi querido inglés. Hagamos otra cosa: en el cielo nos volveremos a casar, pero en la tierra no. Allá todo será a la inglesa, porque la vida monótona está reservada a su nación. El amor les acomoda sin placeres, la conversación sin gracia y la chanza sin risa; éstas son formalidades divinas, pero yo, miserable mortal, ¡qué mal me iría en el cielo! Basta de bromas; formalmente y sin reírme le digo que no me juntaré más con usted. Usted anglicano y yo atea es el más fuerte impedimento religioso, el que estoy amando a otro hombre es mayor y más fuerte".

Manuela hizo dos copias de esta carta, una para su esposo y otra para su amante.

La Libertadora y las memorias de Bousingault

Juan Bautista Bousingault fue un científico francés que viajó a América por orden de su gobierno en 1822. Estuvo en los territorios pertenecientes a la Gran Colombia durante diez años y escribió cinco tomos de su experiencia por estas tierras.

En uno de los capítulos el francés menciona algunos datos sobre la vida privada de Manuela Sáenz: sus intimidades amorosas con otros hombres, la posesión de un osezno que admitía en su propia cama, su inclinación a burlarse de las cosas sagradas, su liviandad en el trato. También habla del valor y compromiso de la quiteña con la Independencia.

Muchísimos años después, en 1949, Enrique Planchart tradujo parte de las memorias del francés. El ministerio de Educación imprimió 5.000 ejemplares. Pero ocurrió algo inesperado: el escritor Augusto Mijares, Ministro de Educación, ordenó que se quemasen todos los libros y así se hizo. En su opinión la obra de Bousingault estaba plagada de necedades, invectivas y calumnias.

En 1974 José Agustín Catalá acabó con ese acto de pudorosa censura y publicó el fragmento condenado al fuego por el ministro Mijares.

La viuda de un revolucionario tenaz

Un día, Teresa Briceño recibe una terrible noticia: su marido está en prisión y ha sido condenado a muerte. La única posibilidad de salvarlo es que Carlos Soublette, presidente de la República, le conmute la pena.

Teresa Briceño era la esposa de Francisco María Faría. En 1835 Faría formó parte de la Revolución de las Reformas contra el gobierno de José María Vargas. La revolución fue derrotada, Farías se entregó y salió de Venezuela en 1836. Pero regresó dos años después al mando de una nueva revolución. Tampoco tuvo éxito. Sólo que esta vez fue sometido a juicio y condenado a la pena capital.

Teresa, desesperada, intenta conseguir el perdón para su esposo. Su petición dice así: "Un hombre muerto no sirve de nada y escarmentado como lo supongo con los infortunios y todas las privaciones que ha sufrido podrá llegar el caso de ser útil a su patria".

Suplica que se le redima a ella y a sus pequeños hijos del absoluto desamparo al que se verán sometidos si ejecutan a su esposo.

Pero no tuvo éxito. El 7 de junio de 1838 Francisco María Faría fue fusilado en Maracaibo en la Plaza de San Sebastián.

El divorcio de Mercedes García

Un año después de casarse con Juan Bautista Castillo, Mercedes García decide divorciarse.

Denuncia ante el juez los horrores padecidos en su único año de matrimonio. Juan Bautista es un celoso furioso, un hombre díscolo, pendenciero y violento. Un día la aporreó y otro intentó pegarle con una mano de pilón. Mejor estaría muerta que casada con ese monstruo. Mercedes tenía 21 años.

Juan Bautista no se queda atrás. Le dice al juez que Mercedes, desde el día que se fue de la casa, anda de su cuenta. En las parrandas del carnaval la vio disfrazada con una corona de pámpanos y entregada a la furia de la danza hasta la madrugada, como si no estuviese casada. Ella dice que es una mujer libre.

El jefe civil y los testigos confirman que, efectivamente, Mercedes ha sido golpeada por su marido en más de una oportunidad. El 2 de octubre de 1878, ocho meses después de iniciarse el pleito, el juez autoriza el divorcio.

Ella fue una de las pocas mujeres que en el siglo XIX obtuvo el divorcio, entre muchísimas otras que como ella denunciaron a sus maridos por violentos.

Elisabeth Gross, una alemana en Maracaibo

Elisabeth se casó en Hamburgo con su novio Rodolfo Gross, en 1883. Al poco tiempo viajó con él a Maracaibo. Allí vivieron trece años, durante los cuales ella escribió un extenso relato de sus vivencias en la capital zuliana. Vio el inicio del alumbrado eléctrico en Maracaibo, conoció los tranvías de a caballo y el ferrocarril de La Ceiba, le costó un horror adaptarse al calor y no se acostumbró jamás a la lisura de las mujeres que se ocupaban de las tareas domésticas.

En una ocasión mandó a lavar un vestido y cuál no sería su sorpresa cuando al ir a la retreta se topó con una mulata que llevaba su vestido puesto. Tomasa, la lavandera, lo había alquilado, y como la interesada era un poco más gorda lo remendó. Al regresarle el vestido, todavía tenía los remiendos. En ausencia de los dueños, Cleotilde, la niñera, alquilaba las habitaciones de la casa como si fuese una pensión. Aun así, Elisabeth Gross disfrutó cada día de su vida en Maracaibo.

Al abandonar su casa en julio de 1896, para regresar definitivamente a Alemania, escribió estas conmovedoras palabras: "En cada puerta se me hizo más difícil y cuando tranqué el portón principal me sentí como si me estuviesen sacando en una urna".

Patriotas sí, ciudadanas no

Ninguno de los documentos de la Independencia contempló la participación femenina en la fundación de la República.

Para los hombres de entonces, incluido Simón Bolívar, la política no era un asunto de mujeres. Sin embargo la magnitud del conflicto fue tal que resultó imposible que las féminas se mantuvieran al margen de la contienda.

En Barinas, al comenzar las hostilidades, un grupo de mujeres hizo público su deseo de que se les tomara en cuenta. Una parte del documento dice así: "El sexo femenino no teme los horrores de la guerra; el estallido del cañón no hará más que alentarle, su fuego encenderá el deseo de su libertad que sostendrá a toda costa en obsequio del suelo patrio".

Además de las barinesas muchísimas otras mujeres participaron de manera activa en la Independencia: apoyaron materialmente a las tropas, estuvieron en el campo de batalla, fueron sometidas a prisión o perdieron la vida en medio del combate o del saqueo.

Cuando concluyó el conflicto se reconoció el patriotismo y el heroísmo de las venezolanas, pero ni las constituciones ni las leyes contemplaron la participación de la mujer en los asuntos públicos.

La mujer y la política

Durante las últimas décadas del siglo XIX uno de los temas de discusión en Venezuela fue si la mujer debía participar en la vida política del país.

Entre los pocos intelectuales que se manifestaron a favor de reconocerle a la mujer sus derechos políticos estuvo el abogado José Gil Fortoul.

En su obra *Filosofía Constitucional,* escrita en 1890, se pronunció a favor del voto femenino en los términos siguientes: "Las mismas circunstancias que justifican la universalidad del sufragio entre los hombres exigen la extensión del derecho de sufragio a la mujer. Si ella trabaja, paga el impuesto, piensa, habla y escribe sin necesidad de ser autorizada por nadie; si es un elemento de la vida social; si sus intereses personales requieren igual garantía de las leyes y del gobierno, es un contrasentido injustificable negarle toda participación en las funciones que constituyen la vida social misma".

El predicamento de Gil Fortoul no tuvo mucho éxito; él mismo se inhibió de recordarlo durante los largos años de la dictadura gomecista, de la cual fue colaborador prominente. Será en 1947 cuando una Constitución venezolana sancione el voto universal y por ende el de la mujer.

Entre el niño y el hombre

Luis López Méndez fue un escritor venezolano nacido en el Táchira en 1863. Desde muy joven se fue a vivir a Caracas y allí se relacionó con muchos de los intelectuales caraqueños de las últimas décadas del siglo XIX. Escribió cuentos, artículos de prensa y ensayos de crítica literaria. Uno de sus trabajos se tituló "Los derechos políticos de la mujer" y fue escrito en 1888.

Allí expone su parecer respecto a la posibilidad de que las mujeres tuviesen injerencia en la política. Dice así el amigo López Méndez: "El cerebro de la mujer es más pequeño que el del hombre y embriológica y anatómicamente hay diferencias que permiten concluir que la mujer es un ser perpetuamente joven que debe colocarse entre el niño y el hombre; en consecuencia otorgarle beligerancia política sería el preludio de una catástrofe moral cuyo resultado conduciría a la ruina de las instituciones sobre las que descansa el orden social".

Este criterio no era exclusivo del intelectual tachirense; muchos pensadores y políticos venezolanos compartieron su visión de las cosas hasta bien avanzado el siglo XX.

La mujer en *El Cojo Ilustrado*

El Cojo Ilustrado fue una de las revistas más importantes e influyentes de Venezuela. Comenzó a publicarse en 1892 y su último número apareció en 1915.

Allí escribían los intelectuales más importantes del país, era ampliamente ilustrada y circulaba cada quince días. En sus numerosas entregas fue inescapable el tema del rol de la mujer. En 1897 dos de sus colaboradores opinaban sobre la función social de las féminas y las reservas que les suscitaba su presencia en la tribuna pública.

José Güell y Mercader decía así: "No queremos que la mujer vote, hable en clubes y asambleas, intrigue, se agite, se mueva y se lance a ese palenque de intereses y pasiones propio tan solo de la viril actividad".

Nicanor Bolet Peraza también opinó en el *Cojo* sobre las venezolanas. Para el autor costumbrista "la mujer pertenece toda al hogar; del dintel de su casa para afuera no tiene jurisdicción alguna. Los venezolanos herederos de la tradición española, defensores de la religión y la familia no queremos para las mujeres sino altares como para una divinidad".

Estos pareceres no desaparecieron en el siglo XX y seguramente todavía en el siglo XXI habrá quienes recuerden con nostalgia aquellos tiempos.

El tratado de la perfecta novia

Entre las muchas obras escritas por Fray Luis de León se encuentra *La perfecta casada*. Fue publicada en Salamanca en 1583, dedicada a doña María Valera de Osorio, con el propósito de que la joven casadera y las mujeres en general tuviesen una guía para que supiesen cómo comportarse luego de contraer matrimonio. La mujer casada –escribió Fray Luis- debe ser hacendosa: "Que no tenga por honra el ocio, ni ponga por estado el descuido y el sueño sino ponga fuerza en sus brazos y no se desdeñe de poner las manos en lo que toca al oficio de las mujeres por bajo y menudo que sea, entonces verá cuánto valen y adonde llegan sus obras."

En 1931, transcurridos casi tres siglos y medio, un periódico caraqueño recordaba los consejos de Fray Luis de León sobre la necesaria laboriosidad de la mujer en su vida de casada. El autor recomendada a las jóvenes tener como ejemplo a las incansables hormigas y esmerarse en la atención al marido: tener prestas sus zapatillas, planchadas sus camisolas, nítidas sus botas, los condumios preparados, los cigarros a la vista, las flores en la mesa y la sonrisa en los labios.

La columna se llamaba "El tratado de la perfecta novia".

Atención a los niños

Dos semanas después de la muerte de Juan Vicente Gómez, un grupo de mujeres le dirigió una carta pública al general Eleazar López Contreras, el nuevo Presidente.

La epístola tenía fecha del 30 de diciembre de 1935 y su propósito, entre otros, era llamar la atención sobre las necesidades de los niños venezolanos. En un momento como el que se vivía en el país, era necesario que se tuviese en cuenta a la infancia. Los niños venezolanos, decían las firmantes, jamás habían recibido la atención de los gobernantes.

¿Qué pedían específicamente este grupo de mujeres al presidente López Contreras? Ventas de leche que garantizaran la pureza del producto, suministro de agua pura, parques infantiles con aire y sol, asilos para los huérfanos, escuelas de primeros grados, un hospital, consultas externas, medicamentos y leche gratis para los más necesitados. La esperanza de todo el país está en el niño, y mientras más sano, física y moralmente sea éste lo será también el ciudadano del mañana, alegaban ellas.

Estas peticiones se mantuvieron como parte de las demandas femeninas en los años siguientes a fin de conseguir que, efectivamente, los niños venezolanos recibieran la atención que merecían.

No siempre fueron escuchadas.

Un nuevo Código Civil

Las leyes venezolanas se mantuvieron inmutables durante siglos respecto a los derechos civiles de la mujer. Tanto las constituciones como los códigos sancionados en el siglo XIX y buena parte del XX colocaban a las venezolanas en la misma condición que los niños, los dementes y los incapacitados.

En 1937 varias organizaciones femeninas se dirigieron a la comisión encargada de reformar el Código Civil y plantearon una serie de demandas.

Entre las peticiones se encontraba que los bienes fuesen administrados de mutuo acuerdo entre marido y mujer, que la educación de los hijos la resolviesen también entre los dos y que el trato entre marido y esposa estuviese signado por la comprensión y el respeto mutuos, en vez de por la sujeción absoluta de la mujer a su cónyuge. Durante cinco años el tema se debatió ampliamente por la prensa.

En 1942, después de mucho batallar y de promover por diferentes medios la sensatez de sus demandas, las mujeres lograron que se admitiese su participación en la educación de los hijos y que se les permitiera intervenir en la administración de los bienes conyugales.

La sujeción absoluta de la mujer a su marido se mantuvo sin variaciones.

HECHOS Y PERSONAJES
PARA RECORDAR

El 5 de julio de 1811

El 5 de julio de 1811 el Congreso declaró la Independencia de Venezuela. El debate duró tres días.

Después de largas discusiones la mayoría de los diputados decidió aprobar la declaración de la Independencia. Sólo hubo un voto en contra, el de Manuel Vicente Maya, sacerdote y representante de La Grita. Maya consideró que la decisión era prematura.

El 5 de julio en la tarde se anunció la noticia. Hombres, mujeres y niños salieron a la calle a celebrar, en todas partes se oía música y canciones; la fiesta se prolongó hasta las once de la noche.

Todos los años, el 5 de julio, se celebra la firma de la declaración de la Independencia de Venezuela: se realiza un acto protocolar en el Capitolio, se hace una ofrenda floral al Libertador y usualmente se lleva a cabo un desfile militar.

Generalmente no se menciona que ese día ocurrió otro suceso crucial en nuestra historia: que dejamos de ser súbditos del Rey de España y pasamos a ser ciudadanos de la República de Venezuela.

Romper los lazos que nos unían a España representó que cada venezolano, desde ese mismo instante, pasó a ser responsable de su propio destino. Es este el significado fundamental de la declaración de la Independencia.

El primer mapa de Venezuela

Una de las tareas del primer gobierno de José Antonio Páez fue elaborar un mapa de Venezuela. En 1830, todo estaba por hacer; ni siguiera una imagen de nuestro territorio teníamos los venezolanos.

En octubre de 1830 se creó la Comisión Corográfica, encargada de preparar los planos de todas las provincias de Venezuela. La misión se le encomendó a Agustín Codazzi, geógrafo y explorador italiano. En tres años debía entregar los resultados. A Codazzi la tarea le tomó ocho años, porque en más de una ocasión se vio obligado a interrumpir el trabajo por culpa de las revueltas que agitaban el país. La demora también se debía a la enorme dificultad que representaba llegar a todos los rincones de Venezuela para hacer las mediciones. Los caminos eran pésimos; en la época de lluvias había zonas absolutamente inaccesibles; no se contaba con personas que supiesen manejar los instrumentos; la mayoría de los datos eran imprecisos y, para colmo, al terminar la obra, no había dinero para publicarla.

En 1840, finalmente se publicó el primer mapa de Venezuela. Durante mucho tiempo constituyó referente insoslayable para el conocimiento de nuestro territorio.

La instrucción gratuita, pública y obligatoria

Uno de los primeros actos administrativos del Presidente Antonio Guzmán Blanco fue sancionar el decreto de Instrucción Pública.

Guzmán Blanco tomó el poder el 27 de abril de 1870 y dos meses después, el 27 de junio, firmó ese decreto, que establecía la instrucción pública, gratuita y obligatoria para todos los venezolanos. Por primera vez en nuestra historia el Estado central asumía directamente la conducción y el financiamiento de la educación primaria en todo el país, ya que con anterioridad era responsabilidad sólo de los estados y los municipios. También dejaba claro que la instrucción primaria era un problema prioritario de la nación y por lo tanto debía ser atendido a través de la constitución de juntas departamentales, parroquiales, vecinales y mediante la formación de Sociedades Populares Cooperadoras en las que debían participar padres y maestros.

El propósito era que la instrucción masiva de los venezolanos permitiera el fortalecimiento de las instituciones, la defensa de los derechos políticos y sociales de los ciudadanos, el ejercicio de los principios republicanos y el fortalecimiento de la democracia.

Juan Germán Roscio, prócer olvidado

Una de las consecuencias más funestas de la versión belicista y militarista de nuestra Independencia ha sido la poca relevancia otorgada a todos aquellos hombres que, sin empuñar un arma, fueron determinantes en la creación y el triunfo de la República. Juan Germán Roscio, sin duda, fue uno de ellos, y hay muchos más.

Graduado de abogado en la Universidad de Caracas, Roscio participó en los sucesos del 19 de abril de 1810, fue autor del primer reglamento electoral de Venezuela, estuvo entre los redactores de la declaración de la Independencia y de la primera Constitución venezolana y produjo una importantísima obra doctrinaria.

Su condición de intelectual no lo eximió de la violencia. Al caer la República fue sometido a prisión, enviado a España y de allí a una cárcel en Ceuta, en el norte de África. De ahí escapó y fue capturado de nuevo. Finalmente, por mediación del gobierno inglés, pudo refugiarse en los Estados Unidos. No se quedó en el exilio sino que regresó a Venezuela, para involucrarse en la organización del Congreso de Angostura y en la redacción del *Correo del Orinoco*. Murió a los 58 años, sin disparar un tiro, pero dejando una obra que lo consagra como uno de los más importantes filósofos americanos de la Libertad.

Francisco Javier Ustáriz, el aristócrata patriota

Empezando el año de 1810, Francisco Javier Ustáriz, caraqueño y mantuano, recibe la noticia del fallecimiento de su tío don Gerónimo Ustáriz, ocurrida en Madrid. El difunto era el poseedor del marquesado de Ustáriz y Francisco su heredero. Inmediatamente inició, desde Caracas, el trámite que lo convertiría en el nuevo marqués de Ustáriz.

Pero en Venezuela estalló la Independencia y las aspiraciones nobiliarias de Ustáriz se vieron interrumpidas por los sucesos de Caracas. El heredero del título suspendió el papeleo del marquesado y se ocupó, más bien, de apoyar la construcción de la República: firmó la declaración de la Independencia, participó en la redacción de la Constitución de 1811 y fue miembro del Poder Ejecutivo. Cuando cayó la República en 1812, no huyó de Caracas y fue encerrado en las bóvedas de La Guaira, para ser liberado un año después por los patriotas. Al salir de prisión siguió comprometido con la Independencia. Más nunca volvió a hablar del fulano marquesado.

Derrotada por segunda vez la República, acompañó a los habitantes de Caracas en la penosa emigración a Oriente, y llegó con vida a Maturín sólo para ser ultimado de un machetazo el 11 de diciembre de 1814. No dejó sucesión.

La incómoda voz de José Domingo Díaz

José Domingo Díaz era caraqueño. Cuando estalló la Independencia tenía 29 años. Nunca compartió la idea de separarse de España y constituir una República.

Se graduó de médico en la Universidad de Caracas y luego pasó a España a continuar sus estudios. Regresó a Venezuela justo después de los sucesos del 19 de abril de 1810. Desde el primer día se opuso al proyecto independentista. En 1812, al recuperar el control de Venezuela los partidarios del Rey, dirigió *La Gaceta de Caracas*, principal periódico de la capital, desde donde fustigó con rudeza al ideario republicano y a los jefes de la revolución. Huyó de Caracas en 1813, cuando la ciudad fue retomada por los patriotas. Regresó un año después y se puso, nuevamente, al frente del periódico. Desde 1815 hasta 1821 fue uno de los más beligerantes criollos contra el bando del Libertador. Al concluir la guerra se fue de Venezuela y se mantuvo al servicio de la Corona en Puerto Rico.

Su libro *Recuerdos sobre la Rebelión de Caracas*, publicado en España en 1829, tuvo un único propósito: demostrar la injusticia, el escándalo, la bajeza y la insensatez de la Independencia. Jamás cambió de parecer.

En 1842 todavía estaba al servicio de la Corona española como miembro de la Junta de Ultramar, en Madrid. Se desconoce la fecha de su muerte.

Antonio Muñoz Tébar, un patriota precoz

Muchos de los hombres que participaron en el proyecto de Independencia no tenían ninguna experiencia política. El caso de Antonio Muñoz Tébar es un buen ejemplo.

Apenas se graduó de bachiller sus padres lo enviaron al convento de San Felipe Neri para que se dedicara a la vida religiosa. Allí se encontraba cuando ocurrieron los sucesos del 19 de abril. Inmediatamente abandonó el claustro y se unió a la revolución. Tenía 18 años.

Muñoz Tébar formó parte de la Sociedad Patriótica y fue redactor de *El patriota de Venezuela*, el periódico de la Sociedad. Al cumplirse el primer aniversario del 19 de abril pronunció un discurso en el cual llamó a declarar de una vez por todas la Independencia de Venezuela. Fue sometido a prisión en 1812 y liberado al año siguiente. No tenía sino 21 años cuando Bolívar lo nombró Secretario de Hacienda y Relaciones Exteriores. Desde esa posición le correspondió justificar el feroz decreto de Guerra a Muerte dictado por el Libertador en Trujillo.

Su carrera política no duró mucho tiempo. En 1814, a los 22 años, murió en la batalla de La Puerta.

José Félix Roscio, el cura perdido

Durante la Independencia hubo muchos curas que apoyaron la causa patriota y que por ese motivo fueron perseguidos y juzgados. Uno de esos sacerdotes se llamaba José Félix Roscio.

Fue sometido a prisión en 1812 acusado de seducción desde el púlpito, de recoger donativos a favor de la República, de promover el exterminio de los europeos y de ser miembro de la Sociedad Patriótica. Y, como si todo esto fuese poco, era hermano de Juan Germán Roscio, un comprometido activista del gobierno republicano.

José Félix negó todos los delitos que se le imputaban e incluso declaró que había discutido con su hermano a causa de sus ideas radicales. No hubo caso. Fue remitido prisionero a Puerto Cabello y encerrado en un calabozo.

En 1814 fue enviado con sus cadenas a España, sin que se cumpliera el debido proceso, junto con otros sacerdotes acusados de sedición. Cinco años permanecieron prisioneros allá, esperando el envío de los papeles que justificaban su detención.

En 1820 el proceso de Roscio se suspendió debido a la revolución liberal ocurrida en España. La causa quedó sin resolverse y el padre Roscio extraviado en territorio extranjero. No se supo más de su paradero.

Juan Manuel Cajigal , un sabio comprometido

Juan Manuel Cajigal nació en Barcelona, la que queda aquí, en Venezuela, el año de 1803. Su papá era español. En 1810 perdió a su papá y quedó a cargo de un primo suyo, que se llamaba igual que él, Juan Manuel Cajigal. Este señor era oficial del ejército realista y en 1814 fue Capitán General de Venezuela.

Cuando Juan Manuel tenía 13 años, se fue con su protector a España, se formó en la Universidad de Alcalá y completó sus estudios de Matemáticas en Francia. Al graduarse, en 1828, le ofrecieron trabajo pero no aceptó. Ese mismo año regresó a su tierra natal.

En 1830 fue nombrado director de la Academia Militar de Matemáticas. Instaló los primeros telescopios que hubo en Venezuela, promovió la construcción de un tren entre Caracas y La Guaira, redactó un tratado de Mecánica Elemental y también un curso de Astronomía. Toda su carrera profesional la hizo en su país. En 1846 se retiró de la vida pública y se instaló en el pueblo de Yaguaraparo. Allí murió a los 53 años.

El Observatorio Cajigal se llama así por este oriental venezolano que prefirió regresar a su país que quedarse en París.

Rafael María Baralt, historiador y académico

Rafael María Baralt nació en Maracaibo en 1810, justo cuando en Caracas ocurren los hechos del 19 de abril y la capital marabina se mantiene leal a la Corona.

En su juventud fue oficial de las milicias patriotas y al mismo tiempo lector voraz de los clásicos españoles, su verdadera pasión. En 1830 se instala en Caracas y se vincula a los círculos literarios de la capital. Una década después viaja a París por encargo del Gobierno y escribe con Ramón Díaz el *Resumen de la Historia de Venezuela*. Este libro constituye pieza fundacional de la Historiografía venezolana. Baralt tenía entonces 31 años.

Regresó a Venezuela por muy poco tiempo. En 1841 volvió a Europa a investigar en el Archivo de Indias de Sevilla la documentación sobre los límites de Venezuela con sus vecinos. En 1846 se instala en Madrid y se dedica a la creación literaria y la investigación del idioma castellano. Muy rápidamente su obra es ampliamente reconocida en España. En 1853 es elegido Individuo de número de la Real Academia de la Lengua.

Ese zuliano fue el primer americano en alcanzar esta distinción.

No regresó más a Venezuela. Murió en Madrid, antes de cumplir 50 años.

José María Vargas, presidente a su pesar

José María Vargas es quizá el único venezolano que llegó a la Presidencia de la República sin buscar afanosamente este importante cargo.

Al concluir el primer mandato de José Antonio Páez en 1834, se propuso el nombre de Vargas para sustituir al caudillo llanero. Los defensores de su candidatura consideraban que había llegado el momento de ponerle freno a las ambiciones políticas de los militares encargando de la Presidencia a un civil.

Vargas rechazó el compromiso insistentemente. En un documento público se dirigió a los electores para que no votasen por él, convencido de no poseer la capacidad necesaria para ejercer el mando en el difícil momento que atravesaba el país. Nadie le hizo caso: ganó las elecciones y el 9 de febrero de 1835 fue juramentado Presidente.

Cuatro meses más tarde, una revuelta militar intentó derrocarlo. La rebelión fue derrotada y Vargas fue restituido en la Presidencia. Pero fue sólo por unos meses. El 6 de abril de 1836 renunció irrevocablemente. Fue reemplazado por un hombre de armas: el general Carlos Soublette.

Santos Michelena, víctima de la barbarie

Al concluir la guerra de Independencia muchos venezolanos regresaron al país y participaron activamente en la construcción de la República.

Entre ellos estaba Santos Michelena, quien se había exiliado en 1813, a los dieciséis años. Estudió Economía en Filadelfia y allí tuvo la oportunidad de conocer las prácticas y usos republicanos de la naciente democracia norteamericana. Regresó a Venezuela en 1822 y desde ese momento estuvo al servicio de la República. Fue Ministro de Hacienda y de Relaciones Exteriores en varias oportunidades. Se ocupó fundamentalmente de liquidar las prácticas antiguas de la administración colonial para sustituirlas por un sistema moderno y liberal, ajustado a los nuevos tiempos. No escondió nunca su rechazo a los excesos y arbitrariedades de los hombres de armas.

El 24 de enero de 1848, un grupo de seguidores del presidente José Tadeo Monagas asaltó el Congreso, a fin de evitar que los diputados discutieran si había méritos para juzgar al mandatario. En medio del tropel, Santos Michelena recibió una puñalada. Falleció a los pocos días como consecuencia de la herida.

Tomás Lander, liberal "momificado"

Tomás Lander regresó a Venezuela en 1820, después de una ausencia de casi seis años. Desde el día de su llegada se comprometió en la defensa y difusión de los principios liberales.

Al llegar a La Guaira tuvo el primer encontronazo. El párroco del lugar le decomisó unos libros alegando que estaban prohibidos por la Iglesia. En un manifiesto público Lander calificó la medida como un atentado contra la libertad de pensamiento. Y ganó el pleito.

Tomás Lander jamás se inhibió de expresar sus opiniones políticas: se opuso a la presidencia vitalicia, fue enemigo de otorgarle poderes especiales al Ejecutivo, apoyó el principio de la alternabilidad, promovió la libertad de cultos y defendió la libertad de pensamiento y expresión como un derecho fundamental de los ciudadanos.

Murió intempestivamente el 6 de diciembre de 1845.

Contrasta con la sobriedad de su conducta y la firmeza de sus principios la extravagante decisión de su familia. Al morir Lander su cadáver embalsamado lo mantuvieron en la casa, sentado en su escritorio hasta que, en 1884 fue sepultado finalmente en el Panteón nacional.

Fermín Toro no se prostituía

Fermín Toro constituye una figura insoslayable del siglo XIX venezolano, por su integridad moral y por su obra intelectual.

Fue el autor de *Los mártires*, la primera novela venezolana, publicada en 1842. Ese mismo año le correspondió pronunciar el discurso de orden en el acto de repatriación a Venezuela de los restos del Libertador. Poco tiempo después, en 1846, fue factor fundamental en la ratificación del reconocimiento de la Independencia de Venezuela por parte de España. Fue docente, miembro del Congreso y ministro de Hacienda y Relaciones Exteriores en varias oportunidades.

En enero de 1848, al día siguiente de que los seguidores de José Tadeo Monagas asaltaran el Congreso con saldo de varios muertos y heridos, el Presidente conminó a los diputados a asistir al parlamento para que no se rompiera el hilo constitucional. Fermín Toro respondió categórico: "Díganle al presidente que Fermín Toro no se prostituye".

Durante el tiempo que gobernaron los Monagas no volvió a pisar el Congreso de la República, ni por equivocación.

Cecilio Acosta, pobre pero honrado

La Venezuela del siglo XIX no fue solamente guerra y destrucción. También tuvo venezolanos dedicados al pensamiento y a la reflexión humanística, como Cecilio Acosta.

Jamás tuvo bienes de fortuna. Cuando se graduó en la Universidad, el año de 1848, tuvo que solicitar la exoneración de los aranceles para obtener el título de abogado. Tenía treinta años. Se dedicó a la docencia y a difundir por la prensa las ideas que defendió hasta el día de su muerte: libertad para el pensamiento, fomento para la industria, capital para el trabajo, garantías para la propiedad, responsabilidad para la justicia y educación para el pueblo.

Como intelectual no se plegó a los designios del presidente Guzmán Blanco. Al concluir su primer gobierno, en 1877, condenó los abusos cometidos por el mandatario y criticó severamente al papá de Guzmán Blanco, a quien llamó embaucador, ladrón y falso profeta.

Guzmán Blanco jamás lo perdonó. No fue preso pero sí condenado al ostracismo más absoluto. Poco tiempo después, el 6 de julio de 1881, Acosta falleció, como había vivido, sin un centavo en la cartera.

Felipe Larrazábal, bajo las aguas

Felipe Larrazábal fue fundador del Partido Liberal de Venezuela y también músico y abogado.

Defendió por la prensa los principios básicos del liberalismo: alternabilidad política, división de los poderes públicos, respeto a la propiedad y derecho a expresar libremente las ideas. Al concluir la Guerra Federal en 1863 abogó por que se eliminara la pena de muerte. En 1865 publicó el primer tomo de una biografía del Libertador y tres años después fundó el Conservatorio de Música en Caracas. Destacado compositor y ejecutante del piano, solía amenizar las veladas que se hacían en la casa de Antonio Guzmán Blanco.

En 1870 apoyó la Revolución de Abril, que condujo a Guzmán Blanco a la presidencia; pero muy pronto se distanció del mandatario por el cariz personalista y autoritario que tomaba su gobierno. Se unió a quienes conspiraron contra él y fue expulsado del país.

No regresó a Venezuela. En noviembre de 1873, cuando se dirigía a Europa con la intención de continuar su libro sobre el Libertador, el barco en que viajaba naufragó. Allí perdió la vida y desaparecieron todos sus papeles.

El fructífero viaje de Adolfo Ernst

Adolfo Ernst salió de Alemania rumbo a Venezuela en 1861. Cuando llegó a nuestro país, estábamos en medio de la Guerra Federal, pero igual se quedó aquí. Tenía 29 años.

Ernst había estudiado Ciencias Naturales, Idiomas modernos y Pedagogía en la Universidad de Berlín. Allí conoció a los hijos de un general venezolano, quienes lo animaron a viajar a Venezuela, asegurándole que aquí tendría grandes oportunidades para desarrollarse como científico y como docente. No se equivocaron.

El científico alemán fundó en 1867 la Sociedad de Ciencias Físicas y Naturales de Venezuela. En tiempos de Guzmán Blanco se encargó del Museo Nacional, creó la Cátedra de Historia Natural en la Universidad Central, organizó la participación de Venezuela en numerosas Exposiciones Universales y tuvo a su cargo la preparación de la Exposición Nacional de 1883.

En las casi cuatro décadas que vivió entre nosotros Ernst viajó por todo el país y realizó valiosísimos estudios de botánica, geología, geografía, antropología, lingüística y arqueología. Además se casó y tuvo cinco hijos.

Adolfo Ernst murió en Caracas en 1899. Sus obras completas fueron publicadas por el gobierno venezolano en diez tomos en 1988.

Juan Pablo Rojas Paul, el delfín respondón

El Doctor Juan Pablo Rojas Paul, abogado graduado en la Central, asumió la presidencia de Venezuela el 5 de julio de 1888, justo al concluir el tercer mandato de Antonio Guzmán Blanco.

Había sido un estrecho colaborador de Guzmán Blanco en sus tres gobiernos: Ministro de Interior y Justicia, de Hacienda, miembro de la Corte Federal, Senador y presidente del Congreso. Un guzmancista cabal, al punto de que "el Ilustre Americano" lo escogió para que lo sustituyera al mando de la República.

Pero al comenzar su gobierno en 1888, Rojas Paul se distanció de su mentor político, el Congreso rechazó varios contratos negociados por Guzmán Blanco y muy rápidamente comenzó a manifestarse una fuerte reacción contra los 18 años de hegemonía guzmancista. En octubre de 1889, la multitud derribó las estatuas del "Ilustre Americano". El doctor Rojas Paul no hizo nada por evitarlo. Durante su gobierno se fundó la Academia Nacional de la Historia, se comenzaron varias obras públicas y llegaron a Venezuela las monjitas del San José de Tarbes.

Juan Pablo Rojas Paul fue uno de los poquísimos presidentes civiles que gobernó a Venezuela en el siglo XIX y el primero que logró concluir su mandato constitucional.

Rafael Arévalo González, un periodista insobornable

Rafael Arévalo González fue uno de los opositores civiles al régimen de Cipriano Castro, desde el mero inicio de su mandato en octubre de 1899.

Natural de Río Chico, fundó en 1892 el periódico *El Pregonero*, un órgano que se ocupaba de denunciar los excesos y corruptelas de los gobernantes. Al comenzar el gobierno de Castro, criticó la composición del gabinete, integrado por los mismos desprestigiados hombres de la última década. El presidente envió emisarios para persuadirlo de que llevara con mayor mesura sus críticas. Arévalo no le hizo caso, rechazó sus invitaciones para que se acercara a la Casa Amarilla -entonces la sede del Gobierno- y siguió fustigando al Ejecutivo desde su periódico. Así que fue sometido a prisión.

Su oposición a la dictadura de Juan Vicente Gómez también lo condujo a ella. Estuvo en La Rotunda dos veces, primero durante nueve años por inventar una candidatura presidencial que no fue del gusto del dictador y luego por defender a los estudiantes del 28.

Al ser liberado se ocupó de escribir sus memorias. Allí, una vez más, denunció los extravíos políticos de nuestros gobernantes. Falleció en abril de 1934, cuando todavía no había terminado de escribirlas.

CURIOSOS, SABIOS Y VIAJEROS

La visita de Luis Felipe de Segur

Luis Felipe de Segur, hijo del Conde de Segur, ministro del rey francés Luis XVI, estuvo en Venezuela en 1783.

El joven vino con la flota norteamericano-francesa que, de manera secreta, se detuvo en Puerto Cabello por una corta temporada. Desde allí se dirigió a Caracas con varios oficiales. En la capital asistieron a una cena en casa del tesorero real. La velada ocurrió un martes de Carnaval.

Según relata Segur, en la mesa se encontraban algunos reverendos padres de la Inquisición y otras altas personalidades. Al llegar la hora de los postres la señora tesorera dio la señal de combate y por todas partes volaron enjambres de confites. Uno de los inquisidores lanzó una almendra que fue a dar sobre la nariz del duque de Laval y éste respondió con una naranja que hirió en la cara al reverendo. Los españoles se levantaron consternados y las señoras se persignaron espantadas. El reverendo le restó importancia al incidente e instó a los presentes a continuar la velada.

Si no hubiese sido porque en Puerto Cabello había cinco mil hombres armados, la fiesta hubiese terminado en un calabozo del Santo Oficio, concluyó el joven de Segur.

De excursión a la silla de Caracas

Alejandro de Humboldt, uno de los más prestigiosos científicos alemanes de su tiempo, llegó a Caracas el 21 de noviembre de 1799 e inmediatamente solicitó información sobre las montañas que circundaban la ciudad.

Nadie le supo dar detalles. No había una sola persona que hubiese llegado hasta la cima. El 3 de enero de 1800, a las cinco de la mañana, emprendió la primera excursión a la Silla de Caracas. Dieciséis personas, entre cargadores y curiosos, lo acompañaron a él y a Aimé Bonpland en la exploración de la montaña. Cuando la cuesta empezó a ser más fuerte todos los invitados, exceptuando los cargadores, desertaron de la misión.

Humboldt y Bonpland pasaron la noche en un campamento improvisado y al día siguiente llegaron a la cumbre. Cuando empezaron a bajar podían oír las voces y las guitarras de sus acompañantes, quienes esperaron los resultados de la expedición al pie de la montaña.

"No viven para gozar la vida, sino para prolongarla", fue la conclusión del científico al constatar la indiferencia que despertó la excursión entre los caraqueños.

Francisco Lozano, el labriego nodriza

Humboldt y Bonpland llegaron al pueblo de Arenas, en las serranías de Cumanacoa, en el mes de septiembre de 1799. Allí fueron informados de un hecho realmente insólito.

Un labriego de nombre Francisco Lozano había amamantado a su hijo con su propia leche. La madre se encontraba gravemente enferma y Lozano, al tratar de consolar al niño, se lo acercó a su pecho y quedó sorprendido al ver cómo la succión del niño trajo la acumulación de leche. Los testigos oculares del episodio confirmaron que, en efecto, durante cinco meses Francisco le había dado pecho a su hijo.

Al regresar a Cumaná Humboldt y Bonplandt recibieron la visita de Lozano y su hijo, quien ya tenía trece o catorce años. Bonpland examinó al hombre y constató que tenía el seno arrugado como el de las mujeres cuando han criado, el izquierdo más que el derecho. La nota completa está registrada en la obra *Viaje a las regiones equinocciales,* del barón de Humboldt.

Un expediente completo del caso de Francisco Lozano fue levantado por el gobernador de la provincia, don Vicente Emparan, y enviado al Consejo de Indias.

La agresión del zambo

Humboldt y Bonplandt habían entrado a Venezuela por la costa de Cumaná en julio de 1799. Tres meses después de su llegada, justo cuando se preparaban para seguir viaje hacia Caracas, ocurrió un violento incidente.

El alemán y el francés estaban a la orilla del golfo de Cariaco a las ocho de la noche cuando se presentó un zambo con el torso desnudo y armado con un grueso garrote de madera. Sorprendido por la presencia del sujeto, Humboldt dio un salto y se puso fuera de su alcance. Pero Bonpland no reaccionó a tiempo, recibió un garrotazo en la sien y con la misma cayó al suelo. El hombre huyó pero muy rápidamente fue atrapado y sometido a prisión.

Ya en la cárcel le preguntaron al zambo el motivo de la agresión. La respuesta era sencilla: durante mucho tiempo había trabajado para un corsario de la isla de Santo Domingo, quien lo sometía a terribles maltratos. Cuando oyó a Humboldt y Bonpland hablar en francés, el mismo idioma de su antiguo jefe, no pudo resistir el deseo de producirles algún daño.

El incidente, dice Humboldt, tuvo un feliz desenlace: pocos días después el zambo logró escapar de la cárcel.

Una máquina de hacer arepas

Alberto Lutowski fue un ingeniero polaco que vino a Venezuela en 1841 y vivió aquí treinta años.

Desde que llegó a nuestro país se propuso adaptar sus conocimientos a la realidad venezolana. Con esa finalidad inventó numerosos aparatos: una turbina, una piladora de café, un horno para fundir hierro, varias máquinas para la industria textil y una ametralladora.

Uno de sus inventos más venezolanos fue una máquina para hacer arepas. La patente la registró en 1857. El aparato permitía pilar y moler el maíz, e incorporaba un sencillo sistema para darle su forma circular a la masa. La idea era instalar una fábrica para la producción mecánica de arepas.

Se dirigió a varios inversionistas a fin de solicitarles financiamiento para el proyecto, ofreciéndoles a cambio un tercio en las ganancias de la novedosa industria.

Nadie se interesó en el proyecto del polaco. Ningún capitalista venezolano puso un centavo en el fabricador de arepas. Lutowski siguió inventado aparatos y colaborando en numerosos proyectos en nuestro país. En 1871 murió de fiebre amarilla en Ciudad Bolívar.

El Carnaval en Caracas

Pedro Núñez de Cáceres nació en Santo Domingo. A los 22 años se vino a Venezuela, huyéndole a la invasión del ejército haitiano a su país.

En 1822 se instaló en Caracas. Núñez de Cáceres era abogado; ejerció el derecho en Venezuela y se nacionalizó en 1831. Jamás sintió particular simpatía por los hábitos y el carácter de los venezolanos. Escribió unas extensas memorias que dejan ver su parecer sobre algunas de las costumbres caraqueñas. Su juicio sobre el Carnaval es demoledor: "Los lunes y martes de Carnaval toda la ciudad se entrega con un furor inexplicable a la bárbara diversión de mojarse y ensuciarse con pinturas, hollín y cuantas suciedades encuentran. El último día es espantoso; no se puede salir a la calle sin recibir totumas de agua que tiran las señoras y las criadas desde las ventanas. Lo mismo es ese día una negra zafia que una señorita que toca el piano y canta las arias italianas. Así son nuestros hábitos nacionales, afectada cultura de París y escenas de barbarie."

Pero Pedro Núñez de Cáceres se mantuvo entre nosotros, a disgusto, por cuarenta años. Murió en Caracas el 24 de febrero de 1863, una semana después de Carnaval.

Nadie quiere trabajar

El 4 de enero de 1858, Ángel Santos, funcionario del Ministerio de Interior y Justicia, le envía un oficio al presidente José Tadeo Monagas. La comunicación se refiere a la falta de ganas de trabajar de sus paisanos, los venezolanos.

"Aquí nadie quiere trabajar", le dice el amigo Santos al Presidente. En 1852, catorce venezolanos se excusaron de ocupar cargos en el Concejo Municipal de Caracas porque se iban a casar. Al año siguiente, diez criollos más rechazaron el empleo de escribientes en varios tribunales del país: todos sufrían de afecciones asmáticas, decían, y no podían respirar el aire polvoriento de los archivos. En 1855 se reciben numerosas excusas para no atender el cargo de maestro en las escuelas públicas: torcedura de una pierna, pasmo, sarna y granos en la cara son algunas de las razones expuestas por los maestros renuentes.

La lista es larga. Pedro León no acepta un puesto en la cárcel de Puerto Cabello porque sufre al ver a la gente en prisión. Juan Cruz no quiere ser escribano, pues le gusta leer y la gente debe trabajar en algo que le gusta.

El Estado era débil y sin recursos, así que nadie quería emplearse en él. Estamos hablando del siglo XIX, por supuesto.

Un inglés en Venezuela

El inglés Edward Eastwick vino a Venezuela en julio de 1864. El propósito de su viaje era investigar si el gobierno podría pagar el préstamo de un millón y medio de libras esterlinas que había contratado en Inglaterra.

Desde que llegó nada le gustó. La vulgaridad de los empleados de la aduana, el calor, el deterioro del hospedaje, los niñitos desnudos en la calle, los malos olores en el puerto, el exceso de ajo en la comida, la temperatura del vino... nada se ajustaba a sus deseos. El camino a Caracas le pareció un espanto; el ruido de las campanas a toda hora le resultaba insufrible, la catedral no lo impresionó y la lisura de los sirvientes era sencillamente inadmisible. Además de en Caracas y La Guaira el inglés estuvo en Valencia y Puerto Cabello. Allí logro entrevistarse con el presidente Juan Crisóstomo Falcón y quedó bien impresionado de su aspecto, pero dudoso de su sinceridad.

Regresó a su país tres meses después y escribió un relato de su experiencia en Venezuela. Fuertes dudas lo asaltaban respecto a la capacidad de pago del país y jamás pudo responderse por qué, con tantos recursos para explotar, Venezuela era tan pobre y necesitaba pedir prestado.

De Caracas a Barcelona

Ir de un lado a otro en Venezuela a mediados del siglo XIX podía resultar una verdadera proeza.

En noviembre de 1851, José María Lisboa, consejero del gobierno de Brasil en Venezuela, decidió dar un paseíto para conocer las provincias orientales. Salió de Caracas a La Guaira para tomar allí un barco que lo llevase a Barcelona. No había carretera.

El viaje fue un horror: el capitán era un hombre grosero e ignorante que había sido contramaestre en un barco negrero que hacía contrabando de esclavos a Puerto Rico. En el barco no había qué comer ni qué beber ni dónde dormir; Lisboa se alimentó con unos bizcochos dulces con agua de coco y coñac, todo llevado por él mismo por si acaso. Le tocó dormir en un bote a la intemperie y para protegerse de dos fuertes aguaceros que cayeron en la madrugada tuvo que utilizar su impermeable.

Cuando llegaron a Barcelona tenían tres días y dos horas y media que habían zarpado de La Guaira. Le pareció que habían transcurrido tres años y medio. En medio de todo, Lisboa tuvo suerte. Durante esa época del año el viaje podía tomar hasta diez días...

Karl Appun conoce el ají

El naturalista y científico alemán Karl Appun vino a Venezuela en 1846. Estuvo entre nosotros durante casi una década.

Había decidido conocer nuestro país por recomendación del prestigioso científico alemán Alejandro de Humboldt. Estuvo en la zona central, en los llanos y en el delta del Orinoco, exploró nuestra geografía, estudió nuestra fauna y flora y recogió muestras de plantas y animales para enviarlas a Europa. El resultado de sus estudios fue publicado en 1871 bajo el título *Under den tropen* (Bajo los trópicos) y traducido al español en 1961, casi un siglo después.

En su libro, además de importantes registros de carácter científico, dejó testimonio de sus experiencias por estos lares. Una de ellas ocurrió en una posada de Puerto Cabello.

Al servirle la comida, tomó una frutica roja de un ajicero que se encontraba en mesa y le dio un mordisco. Todo el mundo se le quedó mirando. Inmediatamente supo porqué.

Aunque escupió el resto, el daño ya estaba hecho. Se quemó la boca y el paladar y el café que utilizó como antídoto empeoró la situación. Después de mucho tiempo, el naturalista alemán todavía recordaba con espanto cómo había conocido la diferencia existente entre un tomate y un ají.

El sabio de Calabozo

El año de 1800 vivía en Calabozo un curioso científico e inventor. Se llamaba Carlos del Pozo y Sucre.

A del Pozo le interesaba la electricidad, así que construyó él mismo varias máquinas y aparatos para estudiar la corriente eléctrica con los materiales que tenía a la mano. Cuando el barón de Humboldt visitó Calabozo, ese mismo año, se quedó impresionado al ver cómo del Pozo había resuelto de manera absolutamente ingeniosa la construcción de una serie de aparatos a partir de lo que había visto descrito en los libros. Pero más sorprendido se quedó Carlos del Pozo cuando advirtió que los instrumentos que llevaba consigo el científico alemán parecían copiados de los que él mismo había construido por sus propios medios.

Setenta años más tarde, en 1876, Carl Sachs, otro científico alemán, visitó Venezuela y pasó por Calabozo. Quería ver si todavía se conservaban los aparatos y los inventos de Carlos del Pozo. No tuvo suerte: sólo quedaban unos pararrayos en las afueras de la ciudad: del resto no había ningún rastro, nadie supo darle la menor noticia.

Pal Rosti, un húngaro en Venezuela

Entre los meses de marzo y agosto de 1857, Pal Rosti, un científico y fotógrafo nacido en Hungría, hizo un recorrido con su cámara por Venezuela.

Los primeros sorprendidos por la visita de Pal Rosti fueron unos comerciantes que conoció en La Guaira. Ninguno había visto a un húngaro en su vida, pero mayor sorpresa les ocasionaba que alguien estuviese en La Guaira sólo por viajar.

Durante los meses que Pal Rosti estuvo en Venezuela visitó Caracas, los Valles de Aragua, San Juan de los Morros y Ciudad Bolívar. De cada uno de estos lugares dejó testimonio por escrito haciendo referencia a sus gentes, fiestas, diversiones y a la vida política del país. Hizo igualmente un acucioso trabajo fotográfico. Las fotos de Rosti constituyen las primeras fotografías paisajísticas que se hicieron de Venezuela.

El resultado de su trabajo fue publicado en Hungría en 1861 y le valió su ingreso a la Academia de Ciencias de su país al año siguiente, cuando sólo tenía 32 años.

El trabajo de Rosti sobre Venezuela se publicó por primera vez en español en 1968, por la Universidad Central de Venezuela, cuando habían transcurrido más de 100 años de su viaje por estas tierras.

Sin noción del tiempo

Una de las cosas que más le molestó al científico y fotógrafo húngaro Pal Rosti cuando vino a Venezuela en 1857 fue que nadie pudiese decirle con exactitud qué hora era.

Conoció muchos señores acomodados que no tenían reloj. "Hay pueblos en los cuales no hay ni un solo reloj", apuntaba Rosti en su diario. "La cocinera sirve la comida cuando se acuerda; el arriero aparece cuando le provoca y en las citas una media hora o la hora entera, no se toma en cuenta".

Una vez, al preguntar qué hora era le dijeron que las siete, cuando en realidad eran las diez. "Las fases del día no están referidas a horas exactas: *la madrugada* es al amanecer a eso de las cinco; *la mañanita*, temprano a la salida del sol, hasta las siete o las ocho; *la mañana* es antes del mediodía, la tardecita de dos a cuatro; la tarde más o menos la hora de la merienda y la noche cuando está oscuro".

En Hungría cualquier campesino podía decir con una puntualidad asombrosa la hora del día mientras que aquí no parecían conocer ni siquiera la división del sol.

No cabía en la cabeza del científico húngaro que la vida pudiese transcurrir con tanta tranquilidad, sin prestar atención alguna a las agujas del reloj.

La plaga de langostas

En 1881 Venezuela se vio azotada por una terrible y destructora plaga de langostas, esa especie de saltamontes gigantes que se desplazan en bandadas de millones de individuos y arrasan con los cultivos.

El insecto ingresó por el estado Zulia al finalizar el mes de mayo de 1881. En Maracaibo los destrozos fueron de terror: todos los árboles y los jardines de la ciudad quedaron inservibles. Más de 200 hombres trabajaron en recoger las langostas muertas y el mal olor de los bichos descompuestos era espantoso. Solamente de las orillas del lago se recogieron 300 carretadas de langostas. Ese mismo año y al año siguiente estaban en Villa de Cura; allí acabaron con todos los sembradíos. A Caracas llegaron el 26 de junio de 1883 y llenaron el cielo desde las nueve de la mañana hasta las cinco de la tarde. Mérida tampoco se salvó: en mayo de 1885 la langosta llegó a los Andes. La plaga duró casi una década. En 1890 todavía se reportaba la presencia de la langosta en algunos lugares del país. Las pérdidas económicas fueron inmensas y el hambre y la miseria sus secuelas inmediatas.

Esa plaga no fue, por cierto, la única ni la última que ha causado destrozos en la economía venezolana.

Los inventos de Rafael Bolívar Coronado

Rafael Bolívar Coronado escribió la letra del alma llanera. También fue autor de numerosos libros; ninguno tiene su nombre en la carátula.

Nació en Villa de Cura en 1884. Ya adulto, a los 31 años, se fue a vivir a España. Allí consiguió trabajo en la Editorial América, dirigida por el caraqueño Rufino Blanco Fombona. En los años siguientes entregó una serie de obras -*Los Caciques Heroicos, La Gran Florida, Nueva Umbría*- , cada una escrita por él, pero firmada como si hubiese sido escrita por un antiguo cronista de Indias, los de la época de la Conquista. Todas fueron publicadas por la prestigiosa editorial. Cuando Blanco Fombona se enteró del engaño buscó a Bolívar Coronado para matarlo. Pero no lo encontró.

El ingenioso escritor escapó a Cataluña y se empleó como corresponsal de guerra en África. Pero jamás pisó el campo de batalla; se iba para el puerto, entrevistaba a los soldados y escribía sus crónicas como si estuviese en medio de los cañones. El único libro que firmó con su nombre fue una novela breve que no tuvo ninguna resonancia.

Bolívar Coronado murió pobre en medio de una epidemia de gripe en España en 1924. No había cumplido 40 años.

LOS EXCESOS DEL PODER

El préstamo de la Federación

Al concluir la Guerra Federal en 1863, Venezuela estaba en la más franca y deplorable bancarrota. Para solventar el desastre fiscal se decidió enviar al general Antonio Guzmán Blanco a negociar un empréstito en el exterior.

Ese mismo año Guzmán Blanco viajó a Londres. Se reunió con banqueros y financistas y consiguió lo que parecía imposible: el otorgamiento de un préstamo por un millón y medio de libras esterlinas. Los términos de la negociación eran terriblemente onerosos para el país y además, contemplaban el pago de una comisión del 5% a favor del general y negociador. El préstamo se aprobó con el voto salvado de varios diputados. En los años siguientes se hicieron fuertes críticas a Guzmán por los beneficios obtenidos en el famoso empréstito de la Federación. El propio Guzmán admitió, años más tarde, que por lograr el "milagro del empréstito" le tocaron setenta y cinco mil libras esterlinas.

Nunca desmintió que esta suma había sido el origen de su fortuna; sin embargo, le gustaba aclarar que su enorme riqueza no la había hecho robando, sino utilizando los privilegios del poder.

Las fiestas de abril

La revolución que condujo a Guzmán Blanco al poder triunfó el 27 de abril de 1870. Desde ese día la fecha se convirtió en motivo de celebración nacional.

En 1871 se colocaron arcos de triunfo con el retrato del gobernante en las principales esquinas de Caracas y hubo fuegos artificiales y retreta en la Plaza Bolívar. Guzmán presidió una marcha hacia Los Teques, acompañado de 300 jinetes y numerosos curiosos, para asistir a un banquete popular. En la noche hubo una gran cena de gala.

Al año siguiente se dispararon salvas de artillería y se instalaron nuevos arcos con flores y la imagen del presidente. En 1873 se celebró un acto en el Congreso, se bautizó con el nombre de Guzmán Blanco la plaza al sur del Capitolio y una delegación de la parroquia Catedral le obsequió al presidente una corona de encina en premio a sus virtudes cívicas. Similares festejos se repitieron cada año en todo el país.

Las fiestas de abril se celebraron durante 17 años, el mismo tiempo que Guzmán se mantuvo en el poder. Cuando Guzmán dejó la presidencia, en 1887, el 27 de abril desapareció para siempre del calendario de las fechas patrias.

Dos estatuas para el presidente

Durante el primer gobierno de Antonio Guzmán Blanco la lisonja y la obsecuencia fueron una práctica común entre los seguidores del presidente.

El 19 de abril de 1873 el Congreso aprobó un decreto de honores a Guzmán. Se le otorgó el Título de Ilustre Americano y Regenerador de la República y se ordenó erigirle una estatua ecuestre como demostración de la gratitud nacional. El Concejo Municipal de Caracas no se quedó atrás y poco tiempo después aprobó hacerle otra estatua al presidente. La primera se colocó frente al Capitolio y la segunda en la colina de El Calvario.

Guzmán Blanco, complacido, respondió a la iniciativa de los diputados con estas palabras: "Esa estatua no es mi estatua, sino la estatua de la omnipotencia de los pueblos".

En octubre de 1889, cuando terminó el predominio político de Guzmán, las estatuas fueron derribadas por la multitud, como expresión inequívoca de rechazo al personalismo y la egolatría del Ilustre Americano.

Honores a Antonio Leocadio

El 3 de mayo de 1873 el Congreso de la República declaró a Antonio Leocadio Guzmán "Ilustre Prócer de la Independencia Suramericana".

El sonoro título otorgado a Antonio Leocadio reconocía los esfuerzos constantes y los sacrificios padecidos por "este inminente venezolano" en la enseñanza y sostenimiento de los derechos del pueblo. Premiaba también su labor en la consagración de los principios democráticos.

El decreto contemplaba entregarle un diploma, colocar su retrato en el salón de sesiones de la Cámara de Diputados y en el despacho del Ejecutivo y beneficiar al ilustre tribuno con la suma de cincuenta mil venezolanos en títulos emitidos por el gobierno. Este último gesto expresaba el interés que tenía la República por la suerte de este Prócer de la Independencia Suramericana.

Antonio Leocadio Guzmán no participó en la Independencia de Suramérica. Se fue para España en 1812 y regresó a Venezuela en 1823, cuando ya la guerra había terminado. Pero falta un detallito: Antonio Leocadio Guzmán era el papá del entonces presidente de la República, Antonio Guzmán Blanco.

El voto público y firmado

En 1874, cuatro años después de tomar el poder, Antonio Guzmán Blanco promovió una reforma constitucional.

Había asumido la presidencia de la República en 1870. En ese momento la Constitución vigente era la de 1864, sancionada al concluir la Guerra Federal. Esta Constitución era considerada por los federales, incluido Guzmán Blanco, como la mejor Carta Magna de nuestra historia por las libertades públicas que consagraba y por la amplitud de su sistema electoral. La Constitución federal estableció la libertad de sufragio sin más restricción que la edad de 18 años.

A Guzmán, desde la presidencia, ya no le pareció tan conveniente este régimen constitucional y propuso cambiarlo. Por sugerencia suya el voto debía ser público por escrito y firmado; si no se cumplía con estos requisitos el voto no tendría validez. Los diputados sancionaron la reforma propuesta por el dictador, sin chistar.

Mientras gobernó Guzmán Blanco el sistema electoral se mantuvo sin modificaciones. El Ilustre Americano quería saber cómo votaban sus paisanos y así evitarse sorpresas a la hora del escrutinio electoral.

La Caracas de Guzmán Blanco

Una de los grandes proyectos del presidente Guzmán Blanco fue modificar el casco urbano de la ciudad de Caracas.

La ambición de Guzmán era convertir a Caracas en algo que se pareciera al menos un poquito a las grandes capitales europeas. Su modelo era París: la Ciudad Luz. No se escatimaron recursos para hacer realidad la apoteosis urbana del Ilustre Americano y para complacer la egolatría sin par del mandatario.

Se construyeron el Paseo Guzmán Blanco, la Plaza Guzmán Blanco y el Teatro Guzmán Blanco, hoy teatro Municipal; la Plaza Bolívar se remodeló y se colocó en el centro la estatua ecuestre del Libertador; en la antigua Iglesia de la Santísima Trinidad se inauguró el Panteón Nacional; se pavimentaron las calles, se mejoraron los servicios públicos y se instalaron los primeros tranvías. De todas las obras realizadas durante el guzmancismo, la edificación más importante fue el Capitolio Federal, sede de los poderes públicos y símbolo inequívoco del enorme poderío de Antonio Guzmán Blanco.

Demostración elocuente de esto último son las letras que se colocaron en las rejas del Capitolio, la actual sede de la Asamblea Nacional. Todavía hoy pueden leerse allí las iniciales de Guzmán Blanco.

La censura del pasado

Simón O'Leary era el hijo de Daniel Florencio O'Leary, un irlandés que se alistó en el ejército patriota y fue uno de los más leales edecanes del libertador.

Al morir su papá, quedó a cargo de todos sus papeles. Entre ellos estaba una parte del Archivo del Libertador, la que se había llevado su papá cuando Bolívar murió. Simón se encargó de organizar y traducir los papeles del difunto y en 1879 se los ofreció al Presidente Guzmán Blanco. Guzmán, inmediatamente, ordenó su publicación. Todo iba marchando a las mil maravillas hasta que en 1883 Guzmán Blanco ordenó echar al fuego el tomo III de la Narración de O'Leary. "La ropa sucia se lava en casa", dijo Guzmán, "y jamás consentiré que una publicación que se hace por cuenta de Venezuela, amengüe al Libertador".

En el tomo citado salían las cartas amorosas entre Bolívar y Manuela y no quedaba muy bien parado Antonio Leocadio Guzmán, el papá del dictador. Los pliegos fueron incinerados.

Pero tres décadas más tarde se descubrió que no todos los pliegos habían sido echados a la candela. En 1914 el tomo censurado por Guzmán salió, finalmente, a la luz pública.

El matrimonio civil

Desde que se instaló la Iglesia católica en Venezuela la única unión matrimonial aceptada y válida era la que se hacía delante del altar y recibía la bendición sacerdotal.

Esto fue así hasta que el primero de enero de 1873, se instauró el matrimonio civil. La ley de matrimonio fue sancionada por el presidente Guzmán Blanco y disponía que solamente las uniones celebradas según lo dispuesto en ella tendrían validez y efectos legales en todo el territorio de Venezuela.

También establecía que el matrimonio era un contrato perpetuo e indisoluble y sólo podía contraerse entre dos personas: un hombre y una mujer. Después de la boda, los esposos podían cumplir con los ritos de su religión, pero estaban obligados a presentar el acta de su matrimonio civil. Desde esa fecha los esponsales, la ceremonia matrimonial y el registro del estado civil dejaron de ser asunto de la Iglesia y pasaron a manos del Estado.

Poco tiempo después, el presidente Guzmán Blanco se puso a derecho y se casó por civil con Ana Teresa Ibarra. Ellos tenían cuatro hijos y seis años de haber recibido el sacramento del matrimonio.

La gran fiesta de la pareja presidencial

El presidente Antonio Guzmán Blanco y la primera dama Ana Teresa Ibarra de Guzmán ofrecieron una espléndida fiesta en la Casa Amarilla, entonces sede del gobierno y no de la Cancillería.

La gala tuvo lugar el 31 de diciembre de 1879 y su finalidad era celebrar el Año Nuevo y festejar el inicio del segundo período de gobierno de Guzmán. La pareja recibió a la numerosa concurrencia, él en traje de etiqueta con la cruz de la Legión de Honor en el cuello; ella en traje de riquísima seda de la China, collar de brillantes, pulseras, solitarios enormes en las orejas, broches de brillantes en el pecho y adornos de la misma piedra en la cabeza y en el vestido. Se sirvió un menú de once platos acompañados con finos vinos y exquisito champaña.

"Fue un acontecimiento social que tendrá gran influjo en la dulcificación de las costumbres populares", destacaba la reseña que se hizo de la gala presidencial.

Para darle la mayor difusión, por orden de Guzmán, la reseña se publicó en la *Gaceta Oficial de Venezuela*, el periódico encargado de publicar los decretos y resoluciones del gobierno venezolano.

El primer centenario del Libertador

El 24 de julio de 1883 se celebró el primer centenario del nacimiento del Libertador en todo el país. El presidente de la República era el general Antonio Guzmán Blanco.

En Caracas al amanecer hubo toque de diana y disparos de artillería. A las nueve de la mañana una procesión cívica presidida por Guzmán Blanco, altos funcionarios y diplomáticos, acompañados de una muchedumbre de curiosos, se dirigió al Panteón Nacional; a su regreso se detuvieron en la Plaza Bolívar y colocaron ofrendas florales al pie de la estatua, igualito que ahora. En la tarde se realizó una velada musical y literaria en el Teatro Guzmán Blanco, hoy Teatro Municipal, y en la noche hubo música y fuegos artificiales. Al día siguiente se inauguró el ferrocarril Caracas-La Guaira. En todas partes hubo actos cívicos, religiosos y culturales. El gobierno ordenó acuñar una moneda con el perfil de ambos héroes: al fondo estaba Bolívar y en primer plano el Ilustre Americano.

Guzmán se refirió a la efeméride en estos términos: "Bolívar sobre el Chimborazo, allá al fondo de los tiempos mirando hacia el porvenir, lo que contemplaba era esta patria constituida, organizada y próspera celebrando su centenario".

En la carretera de Guatire

La primera carretera entre Guatire y Caracas la inauguró Guzmán Blanco el 10 de mayo de 1874. La ocasión fue propicia para que los habitantes de la zona le manifestaran su gratitud al Ilustre Americano.

Benigno Romero fue uno de los vecinos que se vio favorecido por la nueva vía. Era dueño de un fundo cerca de Mampote, justo a la orilla de la carretera. Cuando Guzmán venía de regreso para Caracas, Benigno le organizó un pequeño homenaje. Acompañado de toda su familia esperaron a Guzmán en el portón de la casa para ofrecerle una meriendita. Cuando el carruaje del presidente estaba a punto de llegar, al amigo Benigno no se le ocurrió nada mejor que ordenar una carga de cohetones para halagar al mandatario. Error fatal: los caballos se desbocaron, el carruaje chocó contra las piedras, una de las ruedas se salió del eje, las riendas se desprendieron y las bestias cayeron al barranco. Guzmán y sus acompañantes salieron ilesos del accidente. Benigno se quedó mudo y la merienda fría.

El episodio fue interpretado por los seguidores de Guzmán como la más clara revelación de la protección divina que guardaba la vida del "Salvador de Venezuela".

Félix Bigotte se arrepiente

Félix Bigotte, liberal, caraqueño y escritor, publicó un libro escandaloso el año de 1868. La obra se llamó *El Libro de Oro* y tenía un propósito claro: denunciar los manejos dolosos de Antonio Guzmán Blanco en la negociación del empréstito de la Federación, aquella negociación que le había reportado al Ilustre Americano una jugosa comisión. Bigotte, indignado, lo llama traidor, ladrón, pillo y estafador.

El feroz libelo de Bigotte concluye con estas palabras: "Guzmán, el déspota altanero que insulta hoy con su opulencia nuestra miseria y nuestra ruina, no conseguirá engañar a la República para seguirla pillando".

Años después Félix Bigotte cambió de parecer. En 1881 se convirtió en furibundo guzmancista, fue elegido senador por el estado Guzmán Blanco y en plena sesión del Congreso se retractó de todo lo dicho y rompió una por una todas las páginas de su infeliz *Libro de Oro*. No contento con esto, propuso declarar el siglo XIX venezolano como el Siglo de Guzmán Blanco.

Concluida la administración de Guzmán, no volvió a tener figuración política. Murió en 1907, en tiempos de Cipriano Castro, sin pena ni gloria.

José Martí en Caracas

José Martí vino a Venezuela en 1881. No estuvo mucho tiempo entre nosotros. A los pocos meses fue invitado a abandonar el país.

Cuando llegó ya tenía una amplia hoja de servicios a favor de la independencia de Cuba. Ya conocía las cárceles cubanas y había sido expulsado de su isla dos veces.

Se instaló en Caracas y se vinculó con los círculos intelectuales de la ciudad; dictaba clases y colaboraba en distintas publicaciones de la capital. En junio de 1881 inició un proyecto editorial: *La Revista Venezolana.* No alcanzó a sacar sino dos números. En la segunda entrega escribió un elogio a Cecilio Acosta, el humanista que acababa de morir.

"Ha muerto un justo. Cecilio Acosta ha muerto. Llorarlo fuera poco. Estudiar sus virtudes e imitarlas es el único homenaje grato a las grandes naturalezas y dignos de ellas. Trabajó en hacer hombres, se le dará gozo con serlo".

Al general Guzmán Blanco no le gustó el elogio. Cecilio Acosta había insultado a su papá y criticado a su gobierno. Ordenó el cierre de la revista.

En agosto, Martí salió de Venezuela.

Los andinos en el poder

El 23 de mayo de 1899 el general Cipriano Castro, nativo de Capacho, invadió territorio venezolano con el propósito de derrocar al presidente Ignacio Andrade. Lo acompañaban sesenta andinos armados.

Andrade había llegado a la presidencia en 1898, mediante unas elecciones denunciadas como fraudulentas. Antes de concluir el primer año de su mandato inventó reformar la Constitución para garantizar su permanencia en el poder. Pero no lo logró. Cipriano Castro y sus andinos se lo impidieron.

Cinco meses le tomó a Castro cruzar el país y llegar a la capital. La mayoría de los hombres no opusieron resistencia al avance de su pequeño ejército. El propio Andrade, cuando supo que no había nada que hacer, huyó a Puerto Rico.

El 23 de octubre de 1899 Cipriano Castro entró en Caracas: "Nuevos hombres, nuevos ideales y nuevos procedimientos", fue la oferta del nuevo presidente al iniciar su mandato.

Con su arribo a la presidencia terminó la larga hegemonía del liberalismo amarillo y se dio inicio a casi cinco décadas de gobiernos presididos por tachirenses.

El fin del caudillismo

Luego que triunfara la Revolución Restauradora en octubre de 1899, Cipriano Castro estaba decidido a no abandonar el poder.

Lo primero que hizo fue ordenar la recolección de las armas que se encontraban en manos de sus enemigos, a fin de evitar que pudieran alzarse y sacarlo del coroto. Al mismo tiempo, se dio a la tarea de mudar a los caudillos liberales de un sitio a otro y de colocar a los andinos en distintos rincones del país para que atajaran cualquier intento de disidencia.

Para garantizar la mudanza se armó hasta los dientes, aumentó el número de tropas que estaban a su cargo, sustituyó los viejos *máuser* por rifles automáticos y adquirió el más moderno equipo de artillería que existía para la época. A Castro lo guiaba una máxima inapelable: "Revolución que no se pelea crece, y gobierno que se atrinchera está perdido".

Las reformas adelantas por Castro en los primeros años de su gobierno tuvieron un impacto decisivo en el desmantelamiento del sistema político caudillista imperante en Venezuela durante la mayor parte del siglo XIX.

El indio Montilla

Muchos de los hombres que en 1899 apoyaron a Cipriano Castro muy rápidamente se distanciaron de él y se convirtieron en sus más férreos opositores. Rafael Montilla fue uno de ellos.

Era conocido popularmente como el "indio Montilla" o "el tigre de Guaitó" y en un principio estuvo dispuesto a colaborar con la pacificación del país para acabar con los "godos". Así le decían a todo aquel que fuese enemigo de los liberales.

Sin embargo, cuando Castro empezó a hacer cambios y a recoger las armas de los demás, a Montilla no le gustó, y se rebeló contra el general andino en las montañas de Guaitó, en Trujillo, lugar donde vivía.

"Díganle al general Castro que mientras me encuentre en libertad me alzo porque de Guaitó a Miraflores hay menos trecho que de Capacho a Miraflores". Esas fueron las palabras de Montilla. Y así lo hizo, pero no tuvo ningún éxito.

Pacificado el país y consolidado Castro en el poder, Montilla se refugió en su montaña. Allí acabaron sus días, paradójicamente no luchando contra Castro, sino ultimado a machetazos en un lance personal con uno de sus peones.

La prisión de los banqueros

Cuando Castro tomó el poder en octubre de 1899 el país se encontraba en la más absoluta bancarrota. En diciembre de ese mismo año llamó a los banqueros para que le echaran una mano.

A la reunión asistió Manuel Antonio Matos, fundador y dueño del banco Venezuela. Matos le explicó al presidente que primero debía organizar la hacienda pública y le recomendó hacer una suscripción entre los amigos del gobierno mientras se regularizaba la situación. La respuesta de uno de los ministros fue que si no querían entregar el dinero por las buenas tendría que ser por las malas. Al día siguiente los más importantes banqueros de la capital fueron conducidos a la cárcel, ante la mirada atónita de los caraqueños. Todos terminaron admitiendo las exigencias del régimen. El más reacio fue Matos. Su terquedad le costó unos días más en el calabozo. Finalmente, no le quedó más remedio que complacer al presidente.

Poco tiempo después, en 1901, Manuel Antonio Matos dirigió y financió la Revolución Libertadora, cuya finalidad era derrocar a Castro. Él y los caudillos que lo acompañaron fueron derrotados por el general andino.

La Sacrada

En los carnavales de 1901 los estudiantes de la Universidad Central organizaron un desfile por las calles de la ciudad. El suceso pasó a la historia con el nombre de La Sacrada.

Un personaje pintoresco de la capital llamado Alfonso Sacre les sirvió de pretexto para ridiculizar a Cipriano Castro y criticar a su gobierno. Sacre era un vendedor ambulante, de origen árabe, que solía referir las hazañas militares en las que supuestamente había participado. Estas ínfulas épicas de Sacre propiciaron la creación de "La Sociedad Glorias del general Alfonso Sacre".

El martes de Carnaval, sesenta coches recorrieron la ciudad escoltando al general Sacre, quien saludaba a los mirones con un pañuelito blanco, imitando al presidente Castro. En su recorrido, la caravana se topó con el general andino. La respuesta no se hizo esperar. El presidente ordenó la expulsión y el arresto de los estudiantes. El rector protestó y Castro cerró la Universidad.

Al poco tiempo, la universidad abrió sus puertas y fueron readmitidos los expulsados. El suceso no pasó desapercibido para nadie.

No sería esta, por cierto, la primera vez que los estudiantes hicieron sentir su voz contra un gobernante, mucho menos la última.

El bloqueo de 1902

El 9 de diciembre de 1902 el puerto de La Guaira fue tomado por una armada inglesa y alemana, varios barcos venezolanos fueron apresados, hubo desembarco de tropas y se decretó el bloqueo de los principales puertos del país.

El motivo del bloqueo era exigir el pago de las deudas del gobierno venezolano con las potencias extranjeras. Se trataba de una suma exorbitante: casi ocho veces el monto del presupuesto fiscal de ese año.

La respuesta del gobierno no se hizo esperar. El presidente Cipriano Castro, ese mismo día dictó una proclama que comenzaba así: "Venezolanos: la planta insolente del extranjero ha profanado el sagrado suelo de la patria".

El asunto se resolvió con la intervención del gobierno de los Estados Unidos, quien le sacó las patas del barro al general andino y le puso freno a las pretensiones europeas.

Dos meses después, en febrero de 1903, se firmaron los protocolos de Washington. El representante de Venezuela fue un norteamericano, el documento estaba escrito en inglés, se firmó en la capital del imperio y Venezuela se comprometió a pagar la mayor parte de sus deudas.

Así terminó el pleito con las potencias extranjeras. Un nacionalismo bastante peculiar.

Una segunda reforma constitucional

En 1903 el presidente Cipriano Castro promueve una reforma constitucional. El último cambio de la Constitución se había hecho en 1901, dos años antes, a instancias suyas.

La nueva propuesta de reforma que presenta Castro al Congreso tiene como finalidad una mayor concentración del poder en manos del presidente. El proyecto contempla reducir el número de estados de veinte a trece; eliminar el artículo que prohibía otorgarle facultades extraordinarias al jefe del Estado y prohibirle a los estados la importación de armamento. Además estaba previsto cambiar el período constitucional para que Castro pudiese presidir las festividades del Primer Centenario de la Independencia, a celebrarse en 1910.

Castro es el primer defensor del proyecto de reformas: "Estas reformas", le dice al país, "no representan la continuidad de un hombre en el poder sino el renacimiento de la República sobre bases sólidas e inconmovibles, tal como lo soñaron sus egregios fundadores".

El Congreso se instaló el 20 de febrero de 1904 y en abril ya estaba rigiendo la nueva Constitución. Los legisladores satisfacían así, sin chistar, las demandas del presidente.

Antonio Paredes

El general Antonio Paredes fue otro que se opuso, desde el primer día, al ascenso de Cipriano Castro al poder. Esta determinación le costó la vida.

Cuando Castro ocupó la ciudad de Caracas, uno de los pocos que se mantuvo en pie de guerra fue él. Se negó a entregar la plaza de Puerto Cabello que estaba a su mando, fue derrotado y sometido a prisión. Salió de la cárcel en 1902 por una amnistía del gobierno e inmediatamente se unió a quienes todavía luchaban contra el caudillo andino. Pero fue derrotado por segunda vez, aunque al menos logró salir del país. Cinco años más tarde, en enero de 1907, invadió Venezuela; lo único que llevaba consigo eran 21 rifles, 20 sables, 600 tiros y una cajita con 25 bombas. Fue derrotado por tercera vez y regresó al calabozo. Las instrucciones de Castro al gobernador del estado Bolívar fueron precisas: "Debe usted dar inmediatamente orden de fusilar a Paredes y su oficialidad. Avíseme recibo y cumplimiento".

El 15 de febrero fue fusilado junto a dos de sus compañeros de armas y sus cuerpos fueron lanzados al Orinoco. En 1909, al salir Castro del poder, se le tributó un homenaje en Caracas por su consecuente oposición al general andino.

El fin del restaurador

Cipriano Castro gobernó a Venezuela desde octubre de 1899 hasta diciembre de 1908, cuando su compadre Juan Vicente Gómez lo desalojó del poder.

Gómez había sido una pieza clave en la revolución que llevó a Castro a la presidencia y fue el brazo ejecutor en la derrota final de los caudillos. Por este motivo Castro lo llamó "el pacificador de Venezuela". En 1906 Castro renunció y dejó a Gómez encargado del Ejecutivo, mas al poco tiempo decidió recuperar el poder y Gómez se lo entregó sin titubear. Pero en los dos años siguientes, la salud de Castro empeoró y se multiplicaron las intrigas entre sus colaboradores por la sucesión. El 24 de noviembre de 1908 Castro tuvo que viajar a Berlín para operarse y dejó al general Gómez en Miraflores. Sus días como presidente estaban contados.

Antes de que transcurriera un mes, el 19 de diciembre, el general Gómez tomó las riendas del país, destituyó a los castristas, denunció un supuesto plan de Castro para matarlo y consiguió el apoyo de los Estados Unidos.

Castro, después de mucho deambular, sin dolientes y sin un centavo, se instaló en Puerto Rico. Allí vivió, aislado, hasta el día de su muerte, ocurrida en diciembre de 1924.

Pedro María Morantes

Pedro María Morantes fue escritor. No tuvo mucho éxito con sus libros, pero hubo uno que le dio alguna fama, la novela titulada *El Cabito*. Este libro salió firmado con el seudónimo de Pío Gil.

El Cabito es un libro feroz contra Cipriano Castro; allí se desnudan sus abusos políticos, sus excesos etílicos y sus vicios privados, así como la obsecuencia y el silencio cómplice de sus seguidores, en las muchas manifestaciones de adulancia que recibió Castro mientras fue presidente.

Cuando Morantes describe a Castro lo hace así: "Cruel como un caribe, corrompido como un asiático, codicioso como un fenicio, lascivo como un mono y desvergonzado como un granuja, veía ante sí un oleaje de cabezas inclinadas, un oleaje de infinita servilidad, un oleaje sin rumores que se extendía por toda la ciudad e iba a morir en los últimos confines de Venezuela".

El libro salió publicado en 1909, inmediatamente después de que Juan Vicente Gómez sacó a Castro del Poder. Para ese momento ya Morantes había salido del país. Su decisión fue quedarse en el exilio. Falleció en Paris en 1918. Para esa fecha el general Gómez tenía diez años mandando.

Fuentes

Desde la esclavitud

HUMBOLDT, Alejandro. *Viaje a las regiones equinocciales del nuevo continente*, Caracas, Ediciones del Ministerio de Educación, 1941.

QUINTERO, Inés. *La palabra ignorada. La mujer testigo oculto de la historia en Venezuela*, Caracas, Fundación Empresas Polar, 2009.

VERGARA Sierra, Ana Joanna. *Camino a la libertad. Esclavos combatientes en tiempos de Independencia*, Caracas, Centro Nacional de Historia, Archivo General de la Nación, 2011.

Vida cotidiana

ALTEZ, Rogelio. *Si la naturaleza se opone...Terremotos, historia y sociedad en Venezuela*, Caracas, Alfa Editorial, 2010.

ARELLANO Moreno, Antonio. *Relaciones Geográficas de Venezuela*, Caracas, Academia Nacional de la Historia, 1964.

----------*Epistolario de la Primera República*, Caracas, Academia Nacional de la Historia, 1960.

FORTIQUE, José Rafael, *John Robertson Cirujano del Ejército de Bolívar*, Maracaibo, Editorial Puentes, 1972.

GUMILLA, José S.J. *El Orinoco ilustrado y defendido*, Caracas, Academia Nacional de la Historia, 1963.

QUINTERO, Inés. *Más allá de la guerra. Venezuela en tiempos de la Independencia*, Caracas, Fundación Bigott, 2008.

SIMÓN, Fray Pedro. *Noticias Historiales de Venezuela*, Caracas, Academia Nacional de la Historia, 1963.

Mantuanos

LANGUE, Frédérique. *Aristocracia, honor y subversión en la Venezuela del siglo XVIII*, Caracas, Academia Nacional de la Historia, 2000.

QUINTERO, Inés. *La conjura de los mantuanos: último acto de fidelidad a la Monarquía española*, Caracas, Universidad Católica Andrés Bello, 2002

--------- *El último marqués. Francisco Rodríguez del Toro 1761-1851.* Caracas, Fundación Bigott, 2005.

--------- *El marquesado del toro 1732-1851. Nobleza y Sociedad en la provincia de Venezuela*, Caracas, Academia Nacional de la Historia, Universidad Central de Venezuela, 2009.

Mantuanas

LANGUE, Frédérique. *Aristocracia, honor y subversión en la Venezuela del siglo XVIII*, Caracas, Academia Nacional de la Historia, 2000.

QUINTERO, Inés. *La criolla principal María Antonia Bolívar, hermana del Libertador*, Caracas, Fundación Bigott, 2003.

--------- "Vicisitudes amorosas de unas mantuanas caraqueñas", *Revista Biqott,* Caracas Fundación Bigott, No. 50, Septiembre-Octubre 1999.

Próceres y Precursores

AIZPÚRUA, Ramón, Adriana Hernández, Rogelio Pérez Perdomo, Juan Carlos Rey. *Gual y España: la independencia frustrada*, Caracas, Fundación Empresas Polar, 2007.

HENRÍQUEZ, Gloria. *Historia de un archivo. Francisco de Miranda: reconstitución de la memoria*, Caracas, Fundación de la Cultura Urbana, 2001.

MONDOLFI Gudat, Edgardo. *Miranda en ocho contiendas,* Caracas, Fundación Bigott, 2005.

QUINTERO, Inés. *Francisco de Miranda,* Caracas, El Nacional, Banco del Caribe, 2006.

--------*Antonio José de Sucre. Biografía política,* Caracas, Academia Nacional de la Historia, 1998.

--------*El sucesor de Bolívar. Antonio José de Sucre,* Caracas, Bid&Co, 2006.

Mujeres con historia

DI MIELI, Rosalba. *El divorcio en el siglo XIX venezolano: tradición y liberalismo (1830-1900),* Caracas, Fundación para la Cultura Urbana, 2006.

GROSS, Elizabeth. *Vida alemana en la lejanía,* Caracas, 1989.

QUINTERO, Inés (coordinadora). *Las mujeres de Venezuela. Historia Mínima,* Caracas, Fondo Editorial de la Fundación de los Trabajadores Petroleros y Petroquímicos de Venezuela (Funtrapet), 2003.

----------"Las mujeres de la Independencia: ¿heroínas o transgresoras? El caso de Manuela Sáenz" en *Mujeres y naciones en América Latina. Problemas de inclusión y exclusión,* Bárbara Potthast y Eugenia Scarzanella (editoras) Frankfurt-Madrid Vervuert - Iberoamericana, 2001.

---------- "Itinerarios de la mujer o el 50 por ciento que se hace mitad" en *Venezuela siglo XX. Visiones y testimonios,* coordinación y edición de Asdrúbal Baptista, Caracas Fundación Polar, 2000.

----------*La palabra ignorada. La mujer testigo oculto de la historia en Venezuela,* Caracas, Fundación Empresas Polar, 2009.

ZAMBRANO, Alexander. *El infierno de un sacramento. Los maltratos a las mujeres en Venezuela (1700-1821),* Caracas, Centro Nacional de Historia, 2009.

Hechos y personajes para recordar

CARTAY, Rafael. *Cecilio Acosta*, Caracas, El Nacional, Banco del Caribe, 2006.

FERNÁNDEZ Heres, Rafael. *Fermín Toro*, Caracas, El Nacional, Banco del Caribe, 2008.

Varios autores. *Diccionario de Historia de Venezuela*, Caracas, Fundación Polar, 1997.

LOVERA, José Rafael. *Codazzi y la Comisión Corográfica 1830-1841*, Caracas, Instituto Autónomo Biblioteca Nacional, 1993.

MILLARES Carlo, Agustín. *Rafael María Baralt 1810-1860: estudio biográfico, crítico y bibliográfico*, Caracas, Universidad Central de Venezuela, 1969.

PÉREZ Rancel, Juan José. *Agustín Codazzi*, Caracas, El Nacional, Banco del Caribe, 2006.

PERNALETE, Carlos. *Juan Germán Roscio*, Caracas, El Nacional, Banco del Caribe, 2008.

QUINTERO, Inés. "Monárquico por convicción". Estudio preliminar a José Domingo Díaz. *Recuerdos sobre la rebelión de Caracas*, Caracas, Academia Nacional de la Historia, 2011.

Curiosos, sabios y viajeros

BIFANO, José Luis. *Inventos, inventores e invenciones del siglo XIX venezolano*, Caracas, Fundación Polar, 2001.

DUARTE, Carlos. *Testimonio de la visita de los oficiales franceses a Venezuela en 1783*, Caracas, Academia Nacional de la Historia, 1998.

HUMBOLDT, Alejandro. *Viaje a las regiones equinocciales del nuevo continente*, Caracas, Ediciones del Ministerio de Educación, 1941.

NUÑEZ DE CÁCERES, Pedro. *Memorias*, Caracas, Instituto Autónomo Biblioteca Nacional, FUNRES, 1993.

PINO Iturrieta, Elías. *País archipiélago: Venezuela 1830-1958,* Caracas, Fundación Bigott, 2001.

PINO Iturrieta, Elías y Pedro Calzadilla. *La mirada del otro: viajeros extranjeros en la Venezuela del siglo XIX,* Caracas, Fundación Bigott, 1993.

Los excesos del poder

GONZÁLEZ DE LUCA, María Elena. *Antonio Guzmán Blanco,* Caracas, El Nacional, Banco del Caribe, 2007.

PICÓN Salas, Mariano. *Los días de Cipriano Castro,* Caracas, Academia Nacional de la Historia, 1986.

POLANCO Alcántara, Tomás. *Guzmán Blanco: Tragedia en seis partes y un epílogo,* Caracas, Academia Nacional de la Historia, Grijalbo, 1992.

QUINTERO, Inés (coordinadora). *Antonio Guzmán Blanco y su época,* Caracas, Monte Ávila Editores, 1994.

------------*El ocaso de una estirpe* Caracas, Alfa Editorial, 2009.

Este libro se terminó de imprimir en Caracas en los
talleres de Gráficas Lauki C.A., septiembre de 2017

www.ingramcontent.com/pod-product-compliance
Lightning Source LLC
Chambersburg PA
CBHW020536270326
41927CB00006B/604